MÉMOIRES

SUR

LA GUERRE D'ESPAGNE.

Imprimerie de Mme. veuve DELAGUETTE,
rue Saint-Merri, N° 22. A Paris.

MÉMOIRES

SUR

LA GUERRE D'ESPAGNE,

PENDANT LES ANNÉES 1808, 1809, 1810 et 1811,

PAR LE VICOMTE DE NAYLIES,

Colonel de Cavalerie, Chevalier de Saint-Louis,
Commandeur de la Légion-d'Honneur.

SECONDE ÉDITION.

PARIS,

CHEZ BOURAYNE, LIBRAIRE,
Rue de Babylone, n° 5, près la rue du Bac.

1835.

AVERTISSEMENT.

Peu de mois avant la campagne d'Austerlitz, j'entrai, comme soldat, dans le 19e régiment de dragons que je rejoignis en Allemagne. Pour conserver le souvenir des principaux événemens de la guerre, je recueillis dès-lors quelques notes sous la forme d'un journal que j'ai continué pendant dix ans passés hors de France. Ayant été plus de trois ans en Espagne, et ce pays étant moins connu que les autres parties de l'Europe, je me suis décidé à publier la partie de ces mémoires qui concerne l'Espagne et le Portugal.

Je n'ai jamais eu la prétention d'écrire l'histoire de la guerre, ma position ne le permettoit pas; j'ai seulement planté quelques jalons, donné des notes qui pourront servir peut-être un jour à l'historien de la guerre d'Espagne: c'est à cela que se borne mon ambition. On conçoit aisément qu'un sous-lieutenant vivant dans l'atmosphère de son régiment, ou de sa division tout au plus, ne pouvoit être initié aux grands mouvemens stratégiques, ou saisir l'ensemble des opérations militaires.

Des observations destinées à moi seul, écrites le plus souvent au bivouac et au milieu du tumulte des armes, seroient peu dignes d'intérêt, si toutes les particularités de cette guerre désastreuse n'avoient pas un caractère de nouveauté qui excite la curiosité; c'est à la faveur de ce sentiment que j'espère être traité avec moins de rigueur. On aura aussi peut-être quelque indulgence pour un militaire qui, pendant une campagne très-active, a souvent dérobé à son repos des instans qu'il a consacrés au travail. Je rapporte les faits comme je les ai vus, et la vérité la plus impartiale m'a toujours guidé.

J'ai rendu justice aux Espagnols, j'ai admiré leur fidélité, leur patriotisme et cette héroïque constance qui a fait, de la défense de Saragosse, par exemple, un des grands événemens des temps modernes; mais aussi j'ai flétri les cruautés qui ont déshonoré la guerre. Si parfois des représailles, qu'on pourroit rigoureusement appeler justes, des rapines ou des exactions souilloient l'uniforme français, j'en ai signalé les auteurs; si je ne les ai pas nommés, l'armée ne les en a pas moins connus.

J'ai été heureux de pouvoir rapporter les traits de générosité et d'humanité qui ont honoré les deux partis dans cette sanglante lutte. La pensée aime à se reposer sur de pareils souvenirs, comme le voyageur fatigué jouit de la fraîcheur d'un oasis dans les sables du désert.

MÉMOIRES

SUR

LA GUERRE D'ESPAGNE,

PENDANT LES ANNÉES 1808, 1809, 1810 et 1811.

LIVRE PREMIER.

Entrée en Espagne. — Marche sur Madrid, par Vittoria et Burgos. — Combat de Somo-Sierra. — Prise de Madrid; l'Escurial, ses curiosités. — Catéchisme espagnol, fait depuis 1808. — Avila. — Benavente. — Affaire des chasseurs de la garde devant cette ville. — Poursuite des Anglais. — Leur retraite. — Combat devant la Corogne. — Embarquement et perte des Anglais. — S. Jacques de Compostelle. — Séjour en Galice. — Projet de passer le Minho, à Tuy, pour entrer en Portugal. — Village d'Uma. — Désarmement de quelques cantons. — Je suis envoyé en mission à Porino. — Insurrection générale en Galice. — Travaux des Portugais sur la rive gauche du Minho. — Le 2e corps ne pouvant franchir ce fleuve devant Tuy, le remonte pour le passer sur le pont d'Orensée. — Combat devant Maurentan. — Incendie de ce village et de plusieurs autres. — Arrivée à Ribadavia. — Affreux tableau d'une guerre nationale. — Trait d'humanité et de courage d'un curé espagnol. — Reconnoissance des Français. — Le deuxième corps arrive à Orensée. — Il y attend son artillerie. — Bivouac de Cabianca. — Amusemens de nos soldats. — L'armée passe le Minho et arrive sur les frontières de Portugal. — Engagement avec les Portugais sur les bords de la Tamega.

A quelque distance de Bayonne, s'offre un spectacle magnifique. L'immense Océan borne une partie de l'horizon; la citadelle, les riches bords de l'Adour et des coteaux couverts de vignes, présentent le plus beau coup d'œil et les sites les plus pittoresques, tandis que la longue chaîne des Pyrénées complette ce brillant paysage. Nous traversâmes Saint-Jean-de-Luz, dont les vieilles murailles sont continuellement battues par la mer, et nous atteignîmes bientôt les bords de la Bidassoa, qui sépare les deux royaumes. On voit sur cette rivière la petite île des Faisans, célèbre par les conférences de don Louis de Haro et du cardinal Mazarin, qui y signèrent la paix en 1659.

Nous arrivâmes tard à Irun, première ville d'Espagne; nous eûmes beaucoup de peine à nous faire recevoir de nos hôtes. Des portes très-épaisses, des fenêtres grillées et de longs corridors frappèrent d'abord nos regards. Ces objets sinistres et le mauvais accueil des habitans ne nous donnèrent pas une idée très-avantageuse du pays. Nous passâmes la nuit à Irun. Le 17 novembre nous nous acheminâmes vers Tolosa, en passant par Hernani, assez jolie petite ville située dans une vallée fertile, qu'arrose la rivière d'Oria. La route est belle et percée dans des montagnes très-élevées qui font partie des Pyrénées. Il régnoit ce jour là un vent si impétueux, qu'il étoit très-difficile de se tenir à cheval. Nous aperçûmes de bonne heure les clochers de Tolosa. Sa position est dans une gorge entre deux montagnes sur la rivière d'Oria. Succédant au souvenir des riantes habitations de l'Allemagne ou de la France, la vue des maisons de Tolosa bâties en pierres de taille, leurs fenêtres sans vitres (1), et l'obscurité des rues imprimoient à l'imagination une teinte sombre qu'augmentoit encore l'aspect des habitans : enveloppés dans leurs manteaux et couverts d'énormes chapeaux, ils nous regardoient d'un air farouche ; ils sembloient méditer des projets de vengeance comprimés pour quelques instans.

Ce pays est très-fertile, on y trouve toutes les choses nécessaires à la vie. Ses habitans sont industrieux, d'une force et d'une agilité extraordinaires ; ils l'emportent par cette dernière qualité sur tous les peuples de l'Europe : ils descendent des anciens Cantabres,

(1) L'usage des vitres est très-peu connu ; on n'en voit que chez les gens d'une certaine classe.

que les Romains eurent tant de peine à soumettre. Le 20, après avoir fait six lieues dans les montagnes, nous arrivâmes à Vittoria, où nous logeâmes.

Cette ville est dans une très-agréable position sur la Zadarra; elle est entourée de montagnes, excepté vers le midi, où l'on aperçoit une vaste plaine que l'Ebre fertilise. De nombreux villages et des productions de toute espèce rendent le coup d'œil charmant. Son nom vient de la victoire que Sanche-le-Grand, son fondateur, remporta sur les Maures : elle est assez bien bâtie, et peut avoir six à sept mille habitans. La grande place est remarquable par sa régularité; elle forme un carré dont chaque côté a une vingtaine d'arcades occupées par divers marchands.

Nous vîmes, sur cette place, plusieurs groupes d'habitans; la plupart étoient adossés à un mur exposé au midi : ils fumoient leurs cigarres en nous regardant; on lisoit tout à la fois dans leur physionomie l'expression de la fierté et de la nonchalance qui caractérisent ces peuples. Ils répondoient à nos questions avec le laconisme et la froide politesse de gens irrités, dont la patience est prête à se lasser.

C'étoit un jour de fête, on sortoit d'une église; n'ayant vu jusqu'à ce moment que quelques villageoises, j'eus la curiosité de m'arrêter pour considérer les femmes.

Elles portent un vêtement dessinant les formes avec une vérité qui paroîtroit indécente dans tout autre pays. Ce costume s'appelle *basquina*, et il est en soie ou en serge noire; il laisse voir une taille bien faite et une partie de la jambe: je n'ai rien vu de plus gracieux. Un petit voile blanc, appelé *mantilla*, placé sur la tête, cache à demi le visage et ne dépasse jamais les épaules, dont il permet d'admirer la beauté. Ses deux extrémités, passées sous les bras avec élégance, invitent l'œil à suivre le contour de la gorge, que chez les Espagnoles un schall mystérieux ne couvre jamais. La perfection de ce vêtement et les graces de celles qui le portoient me réconcilièrent avec les Espagnoles, contre lesquelles j'avois une prévention bien injuste. J'en vis quelques-unes dont la coquetterie se plut à relever leur mantilla pour montrer un visage charmant. Dans tous les pays une belle femme aime qu'on rende hommage à ses attraits.

Nous quittâmes Vittoria, prenant la route de Miranda, gros bourg sur l'Ebre, à six lieues de cette première ville. Ce fleuve sépare la province d'Alava de la Vieille-Castille, où nous entrâmes. Miranda n'a rien de remarquable que son pont qui est très-beau. D'après les brillantes descriptions des poètes, je croyois voir un fleuve comme le Rhin ou comme le Danube; quel fut mon mécompte, de voir qu'en cet endroit l'Ebre n'est qu'un ruisseau filtrant parmi les rochers dont son cours est hérissé: il n'est navigable qu'au-dessous de Tudela, et se jette dans la Méditerranée près de Tortose.

Les provinces de Guipuscoa et d'Alava que nous venions de parcourir, n'offrent par-tout qu'un pays montagneux; mais il est bien cultivé, sur-tout ses vallées, qui sont délicieuses. La route, en beaucoup d'endroits, est bordée de hameaux qui annoncent l'aisance. Les habitans de ces montagnes sont actifs et laborieux : la simplicité de leurs mœurs, leur vie frugale et l'air pur qu'ils respirent les font atteindre à l'âge le plus avancé. Les femmes partagent, avec leurs maris, tous les travaux de l'agriculture ; elles ont de beaux yeux noirs, un teint frais et de longs cheveux tressés avec goût ; un léger corset, un jupon très-court et des sandales, ajoutent un nouveau charme à leurs graces naturelles. Ces montagnards n'emploient pas la charrue pour travailler la terre ; ils se servent d'un instrument en fer à deux branches, dont la longueur est de deux pieds. Placés quatre ou cinq de front, tenant chacun un de ces outils, ils l'enfoncent ensemble : ils mettent tant d'accord et de justesse dans ces mouvemens, que l'on diroit que c'est un même instrument mu par quatre à cinq hommes ; à mesure qu'ils ont ainsi retourné la terre, les femmes l'unissent et brisent les mottes. On voit peu de chevaux dans ces provinces ; ils sont remplacés par les bœufs qu'on emploie à tous les usages. Les voitures du pays sont très-petites, et construites avec deux planches fort courtes, placées sur un essieu en bois, qui suit le mouvement de deux roues sans rayons ; leur diamètre est d'environ trois pieds. Quand ces voitures sont chargées, le frottement de cet essieu contre les deux pièces de bois qui soutiennent l'assemblage des planches, produit un cri extrêmement aigu. Quand une longue file de voitures suit la même route, ce bruit devient insupportable. Les habitans prétendent qu'il est nécessaire pour animer les bœufs : je pense qu'il sert aussi à prévenir, lorsque des voitures vont dans un sens opposé, ce qui est embarrassant dans un pays de montagnes, où il n'y a qu'une route souvent fort étroite.

Le 22 novembre, nous nous dirigeâmes vers Pancorvo. Avant d'arriver dans cette ville, bâtie dans une gorge très-resserrée entre deux montagnes, nous entrâmes dans un long défilé. Ce passage, bien gardé, empêcheroit de pénétrer en Espagne sur ce point. A droite et à gauche sont d'énormes rochers très-élevés ; leurs pointes et leurs formes bizarres, que l'imagination modifie à sa manière, offrent les tableaux les plus variés : ces rochers servent de base à d'autres plus élevés encore, dont les sommets, comme suspendus au-dessus de la tête des voyageurs, semblent les menacer de leur chute. La route, au milieu de cette montagne, est très-belle ; elle a été entièrement taillée dans le roc. On aperçoit épars çà et là des vestiges d'antiquités, des débris de colonnes, de chapiteaux et de statues, confondus avec la pierre informe qui compose les murs de quelques misérables maisons de bergers. Au-dessus de la petite ville de Pancorvo est le château de ce nom, sur le sommet d'une montagne. Il défend ce passage. Nous logeâmes à Santa-Maria, en avant de Pancorvo. Le 23 nous passâmes à Briviesca, et couchâmes à Pradano. Le 24 nous fîmes notre entrée à Burgos. C'est en avant de cette ville que le maréchal Soult avoit attaqué et battu, le 12 du mois, l'armée d'Estramadure. Cette malheureuse ville eut beaucoup à souffrir de la part de nos troupes, qui poursuivirent les fuyards, et y entrèrent pêle-mêle avec eux. La plupart des habitans avoient pris la fuite, et la ville étoit encore déserte à notre arrivée. Le roi Joseph y étoit avec son quartier-général, mais Napoléon en étoit parti la veille pour Aranda. Celui-ci ne pardonnoit pas à son frère l'évacuation de la capitale à la fin de juillet : il vouloit d'ailleurs se montrer, croyant recevoir les hommages de cette fière nation, dont il ne recueillit, pour ses funestes exploits, que l'indignation et la haine la plus implacable.

Burgos est une grande et ancienne ville, capitale de la Vieille-Castille; elle fut, jusqu'à Charles Ier, le siége des Comtes et des Rois de Castille. L'Arlançon baigne ses murs, et de jolis quais, bordés d'arbres, longeant cette rivière, servent de promenade. Sa cathédrale, un des beaux monumens d'architecture gothique, est célèbre par ses richesses et ses reliques. On voit, sur la principale place, la statue de Charles III, érigée par un habitant de cette ville. Nous y séjournâmes le 25.

Le 26, nous dirigeant sur Lerma, nous

bivouaquâmes près de Villalmazo. Ce village, entièrement abandonné, offroit l'image la plus affreuse de la guerre ; ses maisons en cendres fumoient encore, et les ruines en étoient jonchées de cadavres.

Le 27, arrivés à Lerma, petite ville sur l'Arlançon, nous fûmes forcés de la traverser au milieu des flammes qui la consumoient. Notre artillerie eut beaucoup de peine à passer : je n'y vis pas un seul habitant. Nous allâmes coucher au village de Guniel.

Le 28, nous parvînmes de bonne heure à Aranda, où étoit le quartier-général de l'armée. L'Empereur y étoit encore, mais il alloit partir. Cette ville est assez considérable, et dans une jolie position, sur le Douero. Nous n'y logeâmes pas, et nous nous rendîmes à Melagros, où nous passâmes la nuit.

Napoléon avoit le dessein de marcher de suite sur la capitale, et de s'en emparer ; le gain des batailles de Burgos et de Tudela sembloit devoir lui en ouvrir aisément le chemin. Il y avoit cependant encore des obstacles à vaincre ; huit à dix mille Espagnols gardoient le défilé de Somo-Sierra, position réputée imprenable, et par où l'armée devoit nécessairement passer pour se porter directement sur Madrid. Le 29 nous approchâmes de Somo-Sierra, et toute l'armée se concentra sur ce point. Nous bivouaquâmes près de Cerezo-d'Alayo.

Le 30, l'ennemi retira ses postes de Pedrosa. Notre division reçut l'ordre d'aller éclairer la droite du défilé : nous trouvâmes un obusier et deux caissons abandonnés. Après avoir battu le pays, et fait quelques prisonniers, nous rejoignîmes le gros de l'armée. Les Espagnols occupoient le sommet de la montagne, traversé par la grande route de Madrid. En cet endroit, un plateau assez vaste permettoit à leur infanterie de se développer, pour soutenir ses batteries placées sur des hauteurs à droite et à gauche. Une large tranchée coupoit la route, et le feu des tirailleurs, joint à la mitraille, rendoit le passage très-difficile. L'Empereur, après avoir reconnu les lieux, ordonne à un escadron de chevau-légers polonais de sa garde d'emporter cette position : ils chargent avec la plus rare intrépidité ; la mitraille tue ou démonte la moitié de ces braves ; ils sont ramenés, mais ils chargent de nouveau, franchissent la coupure, le retranchement, et sabrent l'infanterie espagnole, qui, étonnée de cette audace, jette ses fusils et abandonne ses pièces et sa position. Ce fait d'armes est un des plus glorieux qui ait illustré la cavalerie.

Le quartier-général alla coucher à Buytrago, que nous traversâmes à onze heures du soir. Nous prîmes position à deux lieues plus loin, dans un petit village sur la route de Madrid.

Le 1er décembre, au point du jour, nous marchâmes sur Alcovendas. Nous aperçûmes de tous côtés de belles positions, que l'ennemi auroit pu défendre avec avantage. Nous débouchâmes à S. Augustin : on envoya delà, sur Guadalaxara, des reconnoissances, qui ne rencontrèrent que quelques paysans armés. Nous arrivâmes très-tard à Alcovendas : cette petite ville n'offre rien de remarquable ; tous les habitans s'étoient enfuis à notre approche ; nous y trouvâmes des vivres en quantité.

Depuis le passage de Somo-Sierra nous n'avions pas vu d'ennemis ; nous pensions que la défaite qu'ils venoient d'éprouver auroit jeté l'épouvante dans Madrid, et qu'on nous en ouvriroit les portes ; nous apprîmes, au contraire, que tous les habitans avoient pris les armes, et qu'ils vouloient se défendre.

Le pays que nous venions de parcourir depuis Burgos est en général stérile, et les campagnes sont couvertes de bruyères ; aucun arbre n'y vient distraire le coup d'œil monotone que présentent des plaines immenses sans verdure. Les habitations ne sont pas, comme en France et en Allemagne, entourées de haies vives et d'arbres fruitiers ; ce sont toujours des maisons en pierre, dont les propriétés sont closes par des murs formés avec de gros cailloux : rien n'inspire plus de tristesse que cette absence de la végétation. Dans les montagnes seulement on trouve le chêne vert, espèce d'arbre très-commune en Espagne. Les bords du Douero sont plus gais; l'aspect des vignes, de quelques oliviers, et la variété des paysages les rendent agréables.

Le 2 décembre, au lever de l'aurore, nous étions sur les hauteurs qui avoisinent Madrid. Trente régimens de cavalerie se déployèrent autour de la place, à portée de canon, et nos tirailleurs s'engagèrent bientôt avec ceux de l'ennemi. Quelques charges les rejetèrent dans la place; mais la célérité de notre marche n'ayant pas permis à l'infanterie et à l'artillerie de nous suivre, nous ne pûmes rien entreprendre de sérieux. On fit, ce jour-là, plusieurs sommations à la ville; les habitans répondirent toujours : *Ferdinand VII, ou la mort!*

Aux approches de la nuit, notre brigade fut envoyée près de Las Rozas, à une lieue de Madrid, sur la route de l'Escurial. Nous traversâmes le Mançanarès sur le joli pont de Ségovie, et longeâmes le parc royal destiné aux plaisirs de la chasse des Souverains. Nous envoyâmes plusieurs reconnoissances vers Guadarama, et la maison royale du Pardo.

Des feux très-vifs de mousqueterie nous tinrent en haleine toute la nuit du 2 au 3; ils étoient provoqués par l'arrivée de notre infanterie, qui s'emparoit des postes qui lui étoient assignés. Nous passâmes la nuit sans dormir, la bride au bras, et n'ayant rien à donner à nos chevaux. Au point du jour, notre artillerie étant arrivée, il s'engagea une forte canonnade, qui dura douze heures sans interruption. A quatre heures du soir, une détonation effroyable et un nuage épais qui couvroit la ville, nous apprirent l'explosion d'un magasin à poudre. Le feu cessa bientôt; l'on entama des négociations, et Madrid capitula le 4.

Napoléon avoit brusqué cette attaque, parce qu'il avoit appris que l'armée anglaise, aux ordres de sir John Moore, étoit arrivée à Salamanque depuis plusieurs jours, et qu'il pensoit que si elle se réunissoit à l'armée de Galice et à celle du marquis de la Romana, elle pouvoit venir au secours de Madrid.

Notre brigade reçut ordre d'aller s'établir à l'Escurial, pour observer le mouvement des Anglais vers Avila; la 1re brigade se porta sur Guadalaxara.

Nous arrivâmes très-tard à l'Escurial. Ce nom est commun à un superbe couvent, et à une petite ville bâtie entre deux montagnes, qui dominent une campagne couverte de bruyères et de chênes verts. Dans cette position, on aperçoit au nord le sommet du Guadarama, presque toujours couvert de neige; et à l'est, un horizon sans bornes dans les vastes plaines de la Nouvelle-Castille.

Pendant qu'on formoit les escadrons devant le couvent, quelques coups de fusil tirés par les fenêtres tuèrent deux ou trois chevaux. L'étendue de ce bâtiment, et les ténèbres de la nuit, nous firent différer au lendemain d'en prendre possession.

Le cri de plusieurs personnes nous ayant attirés dans une maison de l'intérieur de la ville, on y trouva près de 300 Français de tout âge et des deux sexes, que les autorités avoient fait enfermer pour lès soustraire à la fureur du peuple. Le couvent fut occupé au point du jour : il n'y restoit que six moines retenus par leur grand âge; les autres s'étoient enfuis par des souterrains qui se prolongent bien avant dans la montagne. Le soir, on découvrit, dans le clocher, 200 soldats espagnols à demi morts de faim et de frayeur.

Le couvent de San-Lorenzo, de l'Escurial, fut bâti par Philippe II en 1563, en mémoire de la bataille de Saint-Quentin, gagnée sur les Français le jour de Saint-Laurent. Il est tout entier de pierres de taille et de la plus grande solidité. Ses dimensions sont d'environ sept cents pieds de long, cinq cents de large, et soixante de hauteur. Sa forme est celle d'un gril renversé. L'habitation des Rois est dans la partie qui représente le manche, et quatre tours de cent quatre-vingt-dix pieds de haut, placées à chaque angle, indiquent les pieds du gril. Tout dans ce lieu porte l'empreinte du caractère de son fondateur, et semble respirer la sombre politique de Philippe ; de vastes corridors obscurs, des portes ferrées de la plus grande épaisseur, des fenêtres petites et grillées donnent à ce monument l'aspect d'une prison d'Etat.

Les trésors de l'Escurial sont incalculables, et renferment les riches dons des Souverains espagnols ; on y remarque principalement un soleil d'or enrichi de pierreries, une statue de Saint Laurent en argent massif, et toutes sortes de vases et de candelabres que l'art composa avec les métaux les plus précieux.

La bibliothèque, qui contient trente mille volumes, possède de rares manuscrits latins et arabes, et les ouvrages de Saint Augustin écrits de sa main.

Dans la riche collection de tableaux de l'Escurial, on admire un chef-d'œuvre de Raphaël appelé la Perle, représentant la Sainte Famille, une cène du Titien, et le tableau de la bataille de Saint-Quentin.

Les galeries qui conduisent à l'appartement du roi, sont ornées de peintures à fresque, admirables par leur fraîcheur et leur coloris. Elles retracent les dispositions de deux armées espagnole et maure à l'instant d'en venir aux mains.

Le costume et les armes de ces peuples y sont très-fidèlement observés.

L'église contient aussi beaucoup de tableaux des meilleurs maîtres des écoles italienne et espagnole. Elle est remarquable par la hardiesse de son dôme, la simplicité de son architecture, et la beauté de ses bas-reliefs.

Près de la sacristie on trouve un escalier d'environ soixante marches, qui conduit dans le lieu destiné à la sépulture des Rois. On entre d'abord dans une salle où sont déposées les cendres des princes et princesses du sang royal. Le duc de Vendôme, soutien de la monarchie espagnole sous Philippe V, repose avec ces ombres illustres. Une autre salle attenant à la première, contient les dépouilles mortelles des Souverains. Elles sont renfermées dans des caisses de bronze, placées par étage, dans des compartimens formés par des colonnes de marbre; le premier tombeau est celui de Philippe II, fondateur. Ceux des Rois de la maison d'Autriche, ses successeurs, suivent immédiatement. On n'y voit encore des princes de la maison de Bourbon, que ceux de Louis I, de Charles III et de son épouse; Philippe V et la reine sa femme ayant été enterrés à Saint-Ildephonse, et Ferdinand VI à Madrid.

Les rayons du jour n'y pénètrent jamais; guidé par un vieux moine, j'y descendis avec un flambeau, dont la lumière incertaine se réflétoit tristement sur les marbres noirs et les bronzes des tombeaux. L'obscure clarté qui m'environnoit, la majesté et la sainteté de ce lieu me pénétrèrent d'un sentiment mélancolique et religieux.

J'allai visiter aussi une maison de plaisance située au pied de la montagne de l'Escurial. Elle appartient au prince des Asturies. Cette demeure est charmante; rien n'est plus frais que les peintures qui décorent les appartemens. Les meubles, en étoffes d'or ou d'argent, sont d'un goût exquis, et les tentures de la dernière élégance. Parmi plusieurs objets de prix, j'ai remarqué un cabaret en porcelaine, donné par Louis XVI au roi Charles III. Un petit escalier du plus beau marbre que fournissent les riches carrières de l'Espagne communique aux appartemens supérieurs. Il est orné de peintures à fresque; celle qui représente le siége de Mahon, et la reddition de cette place sont très-bonnes.

J'avois été logé dans une maison abandonnée que nos soldats avoient pillée; j'y trouvai au milieu des meubles brisés et confusément épars, plusieurs proclamations de la Junte, et un catéchisme fait par un ecclésiastique, qui prouvent jusqu'à quel point nous étions abhorrés des Espagnols. Je mets en note les principaux passages de ce catéchisme, que les parens étoient dans l'obligation d'enseigner à leurs enfans (1).

---

(1) CATÉCHISME ESPAGNOL.

CHAPITRE PREMIER.

D. Dis-moi, mon enfant, qui es-tu?
R. Espagnol, par la grace de Dieu.
D. Que veut dire Espagnol?
R. Homme de bien.

Nous restâmes à l'Escurial jusqu'au 19 décembre. Alors nous reçûmes l'ordre de nous porter sur Avila, afin d'envoyer des

---

D. Combien y a-t-il d'obligations imposées à un Espagnol, et quelles sont-elles?

R. Trois : être chrétien, catholique, apostolique romain, défendre sa sainte Religion, sa patrie, son Roi, et mourir plutôt que de se laisser abattre.

D. Quel est notre Roi?

R. Ferdinand VII.

D. Avec quelle ardeur doit-il être aimé?

R. Avec la plus vive, et comme le méritent ses vertus et ses malheurs.

D. Quel est l'ennemi de notre félicité?

R. L'Empereur des Français.

D. Quel est cet homme-là?

R. C'est un méchant, un ambitieux, principe de tous les maux, fin de tous les biens, le composé et le dépôt de tous les vices.

D. Combien a-t-il de natures?

R. Deux, une diabolique et une autre humaine.

D. Combien y a-t-il d'empereurs?

R. Un véritable en trois personnes trompeuses.

D. Qui sont-elles?

R. Napoléon, Murat et Godoy (le prince de la Paix).

D. Sont-ils plus méchans l'un que l'autre?

R. Non, mon père, ils le sont tous également.

reconnoissances vers Salamanque, où étoit l'armée anglaise. Pour entrer dans les plaines qui avoisinent cette dernière ville,

---

D. De qui provient Napoléon ?

R. Du péché.

D. Murat ?

R. De Napoléon.

D. Et Godoy ?

R. De l'intrigue des deux.

D. Qu'est-ce qui caractérise le premier ?

R. L'orgueil et le despotisme.

D. Le second ?

R. Le vol et la cruauté.

D. Le troisième ?

R. La cupidité, la trahison et l'ignorance.

CHAPITRE II.

D. Que sont les Français ?

R. D'anciens Chrétiens, et des hérétiques modernes.

D. Qui les a conduits à un tel esclavage ?

R. La fausse philosophie et la corruption des mœurs.

D. A quoi servent-ils à Napoléon ?

R. Les uns augmentent son orgueil, les autres sont ses instrumens d'iniquité pour exterminer le genre humain.

il fallut passer les montagnes qui sont un prolongement du Guadarama.

Un violent ouragan nous y surprit. Le

D. Quand doit finir son atroce despotisme ?

R. Il est près de sa fin.

D. D'où nous peut venir cette espérance ?

R. Des efforts que fait la patrie, notre mère.

D. Qu'est-ce que la patrie ?

R. La réunion de plusieurs, gouvernés par un roi et suivant les mêmes lois ?

D. Quelle peine mérite un Espagnol qui manque à ses justes devoirs ?

R. L'infamie, la mort naturelle réservée au traître, et la mort civile pour ses descendans.

D. Qu'est la mort naturelle ?

R. La privation de la vie.

D. Qu'est la mort civile ?

R. La confiscation des biens, la privation des honneurs que la république accorde à tous les loyaux et vaillans citoyens.

CHAPITRE III.

D. Quel est celui qui est venu en Espagne ?

R. Murat, la seconde personne de cette infame trinité.

D. Quels sont ses principaux emplois ?

R. Tromper, voler et opprimer.

vent étoit si impétueux qu'il terrassoit les hommes et les chevaux. Je n'ai vu de ma vie une pareille tourmente. Comme il n'existe

---

D. Quelle doctrine veut-il nous enseigner ?

R. La dépravation des mœurs.

D. Qui peut nous délivrer d'un semblable envoyé?

R. L'union et les armes.

D. Est-ce un péché d'assassiner un Français ?

R. Non, mon père, on fait une œuvre méritoire en délivrant la patrie de ces insolens oppresseurs.

CHAPITRE IV.

D. Qu'est-ce que le courage ?

R. Une force d'esprit qui cherche avec calme et prudence l'occasion de la victoire.

D. La subordination est-elle nécessaire pour l'acquérir ?

R. Oui, car elle en est l'ame.

D. A qui doit-on cette subordination ?

R. A tous les chefs.

D. Quel est l'enfant le plus révéré et le plus chéri de la patrie ?

R. Celui qui joint au courage, des principes d'honneur et un désintéressement personnel.

D. Quels sont ceux qui briguent des emplois et des honneurs avant de les avoir mérités ?

pas de route praticable entre l'Escurial et Avilá, nous suivîmes des sentiers connus seulement des bergers et des chèvres sau-

---

R. Ce sont des ignorans, des orgueilleux et des gens inutiles qui ne savent pas obéir.

D. Qu'allons-nous faire au combat?

R. Augmenter la gloire de la nation, défendre nos frères, et sauver la patrie.

D. Qui doit prendre les armes?

R. Tous ceux qui le peuvent, ceux désignés par le Gouvernement et les moins utiles aux emplois publics.

D. Quelles sont les obligations des autres?

R. De contribuer au succès de la guerre par un généreux patriotisme, en aidant la patrie des biens qu'ils en ont reçus.

D. Que fera celui qui n'a rien?

R. Il priera Dieu pour la prospérité des armées espagnoles, s'occupera de l'emploi auquel il est destiné, et, de cette manière, il contribuera au bonheur public.

D. De qui devons-nous attendre notre félicité?

R. De Dieu, de la loyauté et de l'habileté de nos chefs, de notre obéissance et de notre valeur.

CHAPITRE V.

D. Quelle doit être la politique des Espagnols?

R. Les maximes de Jésus-Christ.

vages. Notre brigade coucha au bourg de Las-Navas, situé au sommet de cette chaîne de montagnes. Il étoit tombé

D. Quelle est celle de notre ennemi?

R. Celle de Machiavel.

D. En quoi consiste-t-elle?

R. En l'égoïsme.

D. Quelles en sont les suites?

R. L'amour-propre, la ruine et la destruction de ses semblables.

CHAPITRE VI.

D. Par quels moyens ces tyrans ont-ils trompé nos peuples?

R. Par la séduction, la bassesse et la trahison.

D. Ces moyens sont-ils légitimes pour s'emparer d'une couronne qui ne leur appartient pas?

R. Non, au contraire, ils sont atroces, et nous devons résister avec courage à cet homme qui s'est fait roi par des moyens aussi injustes qu'abominables.

D. Quelle félicité devons-nous rechercher?

R. Celle que les tyrans ne peuvent nous donner.

D. Quelle est-elle?

R. La sûreté de nos droits, le libre usage de notre saint culte, le rétablissement monarchique, réglé selon les constitutions espagnoles, et les relations de l'Europe.

pendant la nuit une telle quantité de neige, que le lendemain à notre départ, nous en trouvâmes trois pieds sur toute la route; nous fûmes obligés de marcher à pied, tenant nos chevaux par la bride pour éviter les accidens.

Le 21 nous entrâmes à Avila, bâtie dans une plaine. Cette ville est entourée de murailles flanquées de tours à très-petites distances les unes des autres. Elles furent construites dans le 11e siècle, sous le roi Alphonse VI, et sont bien conservées. La cathédrale est très-belle; il y a une université et seize couvens. Cette ville se glorifie d'avoir

---

D. Mais ne les avions-nous pas?

R. Oui, mon père, mais dégradés, par l'indolence des autorités qui nous ont gouverné.

D. Qui doit les régler et les assurer?

R. L'Espagne réunie et assemblée, à qui seule est réservé ce droit, lorsqu'elle aura secoué le joug de l'étranger.

D. Qui nous autorise à cette grande entreprise?

R. Ferdinand VII, que nous désirons, de tout notre cœur, voir rentrer parmi nous pour des siècles éternels. *Amen.*

donné naissance à Sainte Thérèse, dont on célèbre la fête avec une grande pompe. Comme nous arrivâmes à l'improviste, nous y trouvâmes beaucoup d'habitans.

Nous nous dirigeâmes sur Fontiveros le 21 décembre. Pendant trois lieues, jusqu'à Cardenosa, le pays est aride et plein de rochers ; il y croît un peu de seigle, et beaucoup de safran ; les habitans sont fort pauvres.

Descendus ensuite dans la plaine, nous trouvâmes un pays bien cultivé et très-fertile ; les villages y sont nombreux. Plusieurs habitans nous prenoient pour des Anglais, en sorte que pénétrés de cette idée, ils restèrent dans leurs demeures, tandis que s'ils nous avoient connus ils auroient pris la fuite. On peut juger par-là combien nous étions haïs de tout le monde.

Fontiveros est une petite ville d'une population de deux mille ames ; elle est mal bâtie. On envoya une reconnoissance sur Penaranda. Le corrégidor croyant avoir affaire à des Anglais, apprit à l'officier commandant cette reconnoissance, que mille chevaux français étoient depuis la veille à Fontiveros. Après tous les renseignemens nécessaires, l'officier détrompa le corrégidor, qui fut bien surpris.

Nous eûmes la certitude que l'armée anglaise avoit fait un mouvement pour se joindre à sir David Baird, et à la Romana. Ce dernier étoit dans le royaume de Léon pour attaquer le duc de Dalmatie qui occupoit Carrion, sur la Pisuerga. Nous retournions vers Avila ayant rempli notre mission, lorsque nous reçûmes l'ordre de nous rendre à Arevalos. Nous bivouaquâmes à une lieue de cette ville ; le quartier-général de Napoléon y étoit établi.

Nous montâmes à cheval au point du jour, et prîmes position à Olmedo sur l'Adaja. C'est une petite ville mal bâtie, et flanquée de quelques tours qui tombent en ruines. Nous apprîmes que les Anglais, dans la crainte d'être assaillis par toute l'armée française, précipitoient leur retraite sur Benavente.

Le 26 décembre, après avoir passé l'Éresma sur un beau pont à Valdestillas, nous entrâmes dans un pays riche et bien cultivé. Les coteaux sont couverts de vignes et d'oliviers, et les bords de l'Eresma de saules et de peupliers. Peu de momens après nous traversâmes le Douero à Puente de Douero, misérable village qui prend son nom du pont construit en cet endroit. Jusqu'à Valladolid, qui en est à deux lieues, la campagne est très-belle et agréablement variée ; on aperçoit une infinité de villages dont l'aspect annonce l'aisance. La Pisuerga baigne les murs de Valladolid. Cette ville doit son nom à la grande quantité d'oliviers qu'on cultive dans ses environs (1). Elle renferme des édifices magnifiques ; la grande place est entourée d'arcades occupées par divers marchands. Cette ville n'est pas peuplée en comparaison de son étendue : elle n'a guère que 22,000 habitans; son université est très-célèbre. Notre brigade étant seule, le général

---

(1) La campagne où est bâtie Valladolid, s'appeloit, par corruption du latin, *Vallis oletum*.

nous établit dans une vaste place, appelée Campo-Grande, qu'on trouve avant d'entrer dans la ville. Elle est entourée d'une vingtaine de couvens des deux sexes, qui appartiennent à différens ordres religieux. Nous bivouquâmes dans les cloîtres.

Une partie de l'arrière-garde anglaise étoit sortie de Valladolid la veille; en sorte que les habitans sachant que leurs alliés n'étoient pas très-éloignés, et que nous étions peu nombreux, nous firent un assez mauvais accueil.

Nous partîmes le 27, au point du jour, et nous arrivâmes à Medina del Rio-Seco, petite ville assez mal bâtie dans une plaine fertile. Toutes les maisons sont en terre; elle contient cinq à six mille habitans. C'est à Medina del Rio-Seco que le maréchal Bessières avoit battu, le 14 juillet dernier, l'armée de Galice, forte de quarante mille hommes, commandée par le général Cuesta. L'action fut très-sanglante, et il resta plus de huit mille Espagnols sur la place. Nous nous trouvâmes, dans ce même lieu, sous les ordres du maréchal Bessières, qui commandoit la cavalerie : on nous fit porter en avant, près du petit village de Villa-Nueva.

Le 28 nous marchâmes vers Aguilar et sur Valderas. Le temps étoit détestable; le sol étant formé d'une terre très-grasse, les chevaux enfonçoient jusqu'aux jarrets. Malgré des torrens de pluie, il nous fallut bivouaquer dans la boue aux environs de Valderas, où Napoléon avoit son quartier-général.

Le pays que nous venions de parcourir depuis Valladolid, abonde en grains et en excellent vin ; mais on n'aperçoit pas un arbre, pas une pierre dans l'espace de plusieurs lieues. Nous étions dans le royaume de Léon, dont cette contrée est une des belles parties. Le 29 nous quittâmes nos humides bivouacs, nous dirigeant sur Benavente, où l'on assuroit qu'étoit l'armée anglaise, derrière l'Esla. Parvenus au village de Castrogonzalo, en face de Benavente, où est un pont en pierre que les Anglais avoient coupé, nous apprîmes qu'ils avoient effectué leur retraite dès la veille.

Peu d'heures avant notre arrivée, les chasseurs de la garde avoient passé l'Esla à un gué au-dessous du pont : croyant n'avoir affaire qu'à quelques escadrons qu'ils voyoient dans la plaine, ils les chargèrent avec leur valeur ordinaire, les repoussèrent jusques sous les murs de Benavente, et donnèrent ainsi dans le piége qui leur avoit été tendu. L'arrière-garde ennemie, forte d'une trentaine d'escadrons d'élite, masqués par quelques maisons et par des murs, les attaqua avec impétuosité : le grand nombre força les chasseurs de se retirer, et de repasser l'Esla. Le général Lefèvre-Desnouëtes, leur colonel, fut fait prisonnier.

Le soir on envoya quelques boulets à l'ennemi, et notre division prit position au petit village de Castropepo.

Dans la matinée du 30 on répara le pont, et plusieurs officiers furent chargés de sonder des gués. M. de Damas, officier de mon régiment, en découvrit un au-dessus de l'endroit où étoient passés les chasseurs de la garde. Napoléon se rendit sur les bords de la rivière, et nous la fit passer par pelotons ; je montois un cheval très-petit, qui faillit de me faire noyer ; il nagea l'espace de deux toises, et je fus mouillé jusqu'au col : le 30 décembre, nous n'entrâmes pas dans Benavente, et nous allâmes bivouaquer à trois lieues, à *Puebla del Balliez.*

Les Anglais ayant rompu le pont sur l'Orbigo, nous le passâmes à gué au point du jour, et nous allâmes bivouaquer devant Pallaçios.

L'année commença par un temps affreux : nous longeâmes les murs d'Astorga, sur la Tuerta. Cette ville est très-ancienne, et a été considérable autrefois : si l'art ajoutoit à ses fortifications naturelles, ce seroit une place excellente. Après avoir marché toute la journée, nous nous trouvâmes, à minuit, sur le sommet d'une des hautes montagnes des Asturies. Nous y fûmes assaillis par une tempête épouvantable ; les hommes et les chevaux étoient renversés, et des tourbillons de neige nous déroboient les objets à quatre pas de distance. Nous étions, depuis le matin, sur une des plus belles routes de l'Espagne (celle qui conduit à la Corogne); mais la neige se gelant à mesure qu'elle tomboit, la rendoit unie comme une glace. C'est au milieu de ces montagnes, à l'endroit où la route de Léon joint celle de la Corogne, que nous trouvâmes une cinquantaine de voitures de blessés Espagnols, dont les conducteurs avoient emmené les attelages. Ils étoient du corps du marquis de la Romana, que le maréchal Soult avoit battu du côté de Léon. Ces malheureux demandoient la mort comme une faveur; la plupart durent périr dans cette affreuse nuit. Il nous étoit impossible de leur prêter secours, car nous étions nous-mêmes dans un état déplorable : pressés par la faim, couverts de neige, et conduisant en main nos chevaux qui s'abattoient à chaque instant, plusieurs de nos cavaliers tomboient de lassitude et de besoin. A une heure du matin, on nous envoya gravir une haute montagne, sur le flanc de laquelle nous trouvâmes un mauvais village de bûcherons, appelé Santa-

Crux ; nous y attendîmes le jour. Le 2, nous nous dirigeâmes vers Ponterrada, petite ville sur la Sil : nous prîmes position à *Koveran.*

Nous joignîmes l'arrière-garde anglaise le 3, à Poncabello ; elle avoit une belle position, dont elle fut chassée. Nous y perdîmes le général Colbert, commandant la cavalerie légère ; c'étoit un officier d'un grand mérite, et justement regretté.

Le 4, nous traversâmes la petite ville de Villa-Franca, située dans un défilé très-étroit : nous avions pensé que l'ennemi le défendroit. Nous entrâmes dans les montagnes qui séparent le royaume de Léon de la Galice ; elles ne sont pas moins hautes que celles du voisinage d'Astorga. Nous trouvâmes sur le sommet sept pièces de canon abandonnées, et nous prîmes 500 hommes qui ne pouvoient plus suivre. Nous bivouaquâmes auprès de quatre maisons situées sur le revers des montagnes, vers la Galice. Nos soldats s'emparèrent, en cet endroit, d'un convoi d'argent évalué à 800,000 fr., laissé dans des voitures detelées.

Le 5 au soir, nous joignîmes l'ennemi près de Constantine, où il étoit en position avec de l'artillerie et de l'infanterie. Comme nous n'avions que de la cavalerie, nous ne pûmes rien entreprendre. Il nous envoya quelques boulets, qui ne nous empêchèrent pas de nous établir à Constantine. Le 6 nous trouvâmes toute l'armée anglaise en position devant Lugo ; elle occupoit des postes très-avantageux. Nous échangeâmes quelques boulets, et nous prîmes des bivouacs à Santo-Pedro de Santa-Colomba, pour attendre l'armée, dont nous faisions l'avant-garde.

Dans la nuit du 6 au 7, le maréchal Soult arriva avec les troupes sous ses ordres. Il rangea son armée en bataille au point du jour, et plaça à son aile droite une partie de sa cavalerie, qui devoit manœuvrer pour tourner l'aile gauche de l'ennemi, seulement accessible par ce point. Plusieurs bataillons d'infanterie, et quelques pièces d'artillerie légère, devoient soutenir cette attaque. Toutes ces démonstrations n'eurent aucun résultat ; la nuit vint nous surprendre, et nous passâmes la nuit devant le village de Fossa.

Nous étions sous les armes à quatre heures du matin. Le feu brillant des lignes anglaises et le bruit que nous entendions dans leurs bivouacs, nous indiquoient qu'ils n'étoient pas dans l'inaction. Nous pensions, d'après la position des deux armées et les vifs engagemens de la veille, qu'on alloit livrer bataille; nous y étions préparés; mais la journée se passa en préludes insignifians. Le soir nous couchâmes dans nos bivouacs de la veille. L'ennemi effectua sa retraite pendant la nuit, et nous entrâmes, le 9, dans Lugo, petite ville sur la Tamboja : elle doit son origine aux Romains; plusieurs ruines attestent son ancienneté. Sa population est de cinq mille ames : elle est entourée de murailles flanquées de tours qui tombent en ruines. Nous y trouvâmes quinze pièces de canon et 400 chevaux, que l'ennemi avoit tués sur les glacis, ne voulant pas les laisser en notre pouvoir. La route étoit couverte de débris de voitures d'artillerie et de bagages, détruites de manière à ce que nous ne pussions en tirer aucun parti. Le cavalier anglais doit justifier de la perte de sa monture par une preuve matérielle. Les chevaux, dans les régimens, ont sur le sabot une marque particulière, en sorte que, lorsque la fatigue ou une blessure force à l'abandonner, le cavalier le tue et apporte à son chef le pied où se trouve la marque. Pressés par notre avant-garde, plusieurs n'ayant pas le temps de tuer ces malheureux animaux, se bornoient à leur couper le pied, en sorte qu'arrivant un instant après, nous les apercevions sur le bord de la route, debout sur trois pieds, paroissant implorer notre pitié : pour terminer leurs souffrances on leur tiroit un coup de pistolet.

Depuis Benavente nous étions continuellement dans les montagnes ; nous avions parcouru une partie du royaume de Léon, traversé une haute chaîne des Asturies, et la Galice nous présentoit un coup d'œil aussi montagneux. Nous étions fatigués de n'avoir qu'un horizon toujours borné, et d'être obligés de monter et descendre sans cesse. Pour comble d'infortune, il pleuvoit tout le jour, et nous étions souvent vingt heures à cheval pour ne pas laisser respirer l'ennemi.

La Galice produit peu de froment ; mais elle a du vin en abondance, beaucoup de bois et du maïs, dont les paysans composent un pain très-mauvais.

La Galice est la province du royaume que le ciel a traitée avec le plus de rigueur : il y pleut six mois de l'année. Ses habitans sont lestes, robustes et courageux ; ils ont conservé cet esprit de liberté et d'indépendance qui leur fit braver long-temps les efforts des Romains et des Maures ; mais en général ils sont aussi sales que les paysans polonais ; leurs maisons offrent l'aspect le plus dégoûtant, et les animaux immondes y vivent pêle-mêle avec eux. La même couche reçoit toute la famille, sans distinction de sexe. Les maisons sont basses, et souvent n'ont pas de fenêtres : le jour n'y vient que par la porte, qui donne passage à la fumée du foyer placé au milieu de la chambre ; elle s'échappe aussi par une ouverture pratiquée au milieu du toit. Il est de ces habitations pour la construction desquelles on n'emploie pas de ciment, et le mur est formé seulement par des pierres mal jointes. Les toits sont couverts d'une pierre très-large, couleur d'ardoise, de trois à quatre pouces d'épaisseur, et ordinairement de deux ou trois pieds carrés.

Notre division, faisant l'avant-garde, n'entra pas dans Lugo; elle poursuivit sa route jusque sur les bords de la Tamboja, près du pont de Rabado que les Anglais venoient de couper; nous prîmes environ 200 traînards, et pour donner le temps au génie de réparer le pont, nous allâmes bivouaquer près du village de San-Martizon.

Le 10, le pont de Rabado étant réparé, on passa la Tamboja; elle est en cet endroit profonde et très-rapide : c'est une espèce de torrent qui prend sa source aux environs de Mondonedo. Nous prîmes position à *Corbitten*, en avant de Portobello. Le 11, nous nous approchâmes de Betanzos, que l'ennemi occupoit encore; il coupoit le pont qui est en arrière de cette ville, sur la Betanza-y-Sada. Cette rivière, quoique peu considérable, n'est pas guéable en cet endroit, parce que la marée remonte jusque-là.

L'avant-garde, composée de 100 dragons, força l'ennemi à se retirer quoiqu'il eût du canon et de l'infanterie ; il fut obligé d'abandonner son projet de détruire le pont; il jeta à l'eau beaucoup de munitions, plusieurs pièces de canon, et mit le feu à un magasin de comestibles.

Betanzos n'est ni grand ni bien bâti, mais sa situation est agréable: il est dans une presqu'île formée par la Betanza; ses environs sont charmans: le pays est couvert de vignes, d'oliviers, de grenadiers et de citronniers. La température y est si douce que nous y vîmes des pois en fleur et du seigle presqu'en épis, quoique nous ne fussions qu'au 12 janvier : la nature étoit aussi riante qu'en France au mois de mai. On trouva à Betanzos des vivres pour l'armée : nous fûmes envoyés à une lieue en avant.

Le 12, le pont qui est sur la rivière de la Corogne, à Castroburgo, avoit été coupé;

quelques bataillons d'infanterie anglaise, placés sur la rive gauche, voulurent nous empêcher d'approcher de l'autre bord; nos boulets les firent renoncer à ce dessein, et on travailla à rétablir le pont. Les Anglais avoient fait une faute en laissant subsister un autre pont qui étoit à deux lieues au-dessus; la cavalerie reçut ordre d'y aller passer; notre division se porta ensuite sur la grande route de Saint-Jacques de Compostelle, et s'empara d'un convoi de vivres (escorté par de l'infanterie) envoyé de cette ville à la Corogne. Nous logeâmes à Santjago de Sigueras.

Le 13, au point du jour on nous mit en bataille, en avant de Sigueras; bientôt après une terrible détonation se fit entendre; elle fut suivie d'une seconde moins violente. Nous apprîmes que l'ennemi venoit de faire sauter deux magasins à poudre.

Comme le maréchal Soult attendoit son artillerie et le reste de son infanterie, il n'y eut ce jour-là que des engagemens de tirailleurs aux avant-postes.

Le 14, notre infanterie passa sur la rive

gauche, et s'établit sur les hauteurs qui avoisinent la Corogne, en face des troupes anglaises. La journée du 15 n'eut rien de remarquable; mais on se prépara au combat.

Le 16, nous montâmes à cheval au point du jour, et nous fûmes placés à l'aile gauche, d'où nous découvrions toute l'armée ennemie, la Corogne, le port et la flotte anglaise; ce spectacle étoit magnifique.

Vers trois heures de l'après-midi, la division Mermet attaqua l'ennemi; elle parvint à lui faire abandonner plusieurs points importans; le combat fut très-opiniâtre jusqu'à la nuit; nos troupes gagnoient le sommet des hauteurs, lorsqu'elles furent obligées, par des forces supérieures, de rentrer dans leurs premiers postes. La nature du terrain ne permettoit pas un grand développement, tous les efforts furent dirigés sur la droite des Anglais. Les 17e et 27e dragons, qui formoient notre première brigade, firent une très-belle charge. Notre perte fut évaluée à 800 hommes : on comptoit dans ce nombre plusieurs officiers et deux généraux; celle de l'ennemi fut plus considérable, le général Baird et le général en chef sir John Moore y furent blessés mortellement; la nuit sépara les combattans, et l'on coucha sur le champ de bataille. Pendant la nuit du 16 au 17, nous entendîmes de grands mouvemens dans l'armée et dans la ville; au point du jour nous vîmes que l'ennemi s'étoit retiré dans la place, et nous pensâmes qu'il opéroit son embarquement. Notre infanterie jeta quelques troupes légères dans les faubourgs; une baterie, que le duc de Dalmatie fit avantageusement placer, commença à tirer sur la flotte anglaise, alors elle leva les ancres et gagna la haute-mer. L'arrière-garde ennemie occupoit encore les faubourgs du côté du port, et avoit coupé le pont qui les sépare de la ville; elle fit un feu d'artillerie très-vif, qui se prolongea bien avant dans la nuit. Nous reçûmes de la place quelques boulets qui ne nous firent aucun mal; nous allâmes coucher à Pastorissa.

Le 18, la majeure partie de l'escadre anglaise étoit hors de vue; il ne restoit plus en rade que quelques frégates qui se disposoient à appareiller. Le canon de la place tiroit encore lorsque le maréchal Soult la fit sommer de se rendre : il y avoit deux régimens espagnols que les Anglais y avoient laissés. Après quelques pourparlers elle capitula, et le Maréchal y fit son entrée.

On trouva beaucoup de munitions, une grande quantité d'armes, et plusieurs pièces de canon que les Anglais n'avoient pas eu le temps d'embarquer. La plage étoit couverte des chevaux de presque toute leur cavalerie : ils les avoient tués en les abandonnant.

C'est ainsi que finit cette expédition, dont les Anglais attendoient une meilleure issue.

La Corogne est remarquable par son port, qui est vaste et très-sûr. Sa population est d'environ neuf mille ames : elle est très-commerçante ; on y remarque une vieille tour que l'on prétend avoir été bâtie par Hercule. Ses rues sont étroites et obscures. La deuxième brigade de notre division reçut ordre de se diriger sur Saint-Jacques de Compostelle, pour prendre des cantonnemens dans les environs. Depuis la Silésie nous n'avions pas eu de repos; nos chevaux se portoient bien; mais ils marchoient depuis cinq mois, et ils avoient besoin de quelques jours de tranquillité.

Le 21, un orage, accompagné d'éclairs et de tonnerre, qui dura toute la nuit, dut fortement incommoder la flotte anglaise.

Nous arrivâmes à Saint-Jacques, capitale de la Galice. Cette ville, bâtie dans une agréable position, sur les rivières d'Ulla et de Tembra, est renommée par les pélerinages au tombeau de Saint Jacques, dont elle possède, dit-on, le corps. L'église qui le renferme est très-riche. Il y a une multitude de couvens. Cette ville n'est pas mal construite; toutefois elle ne mérite pas sa réputation.

Il s'y fait un grand commerce d'images de Saint Jacques.

On nous désigna des cantonnemens; le 19e dragons fut réparti aux environs de la petite ville de Mellid, que nous occupâmes, ainsi que Harzua et Boanté.

Cette partie de la Galice est un peu moins montagneuse, et on y trouve de jolies vallées fertiles en grains ; elle abonde en légumes, en fruits et en pâturages, où l'on voit de nombreux troupeaux. Les habitans, quoique plus doux que ceux qui habitent les montagnes, ont une trempe de caractère bien différente de celle des Castillans ; ils sont moins civilisés et beaucoup plus enclins à la vengeance. Nous restâmes parmi eux jusqu'au 2 février.

Nous apprîmes que le Ferrol nous avoit ouvert ses portes, et que l'Empereur avoit quitté l'armée pour se rendre en Allemagne, où l'Autriche menaçoit d'une prochaine invasion. Nous nous apercevions depuis quelques jours de l'agitation des esprits ; les paysans étoient moins traitables, et déjà se préparoit l'incendie qui embrasa toute la Galice : on eut ordre de désarmer les habitans et de réunir les armes. Toutes les perquisitions ne produisirent qu'un mauvais effet, et presqu'aucun résultat. On ne trouva que ce qui ne pouvoit servir à rien : les armes et les munitions que les Anglais fournissoient furent cachées dans les montagnes et les rochers.

D'après les plans de Napoléon, deux armées devoient envahir le Portugal; l'une, aux ordres du maréchal Victor, devoit y pénétrer en suivant les bords du Tage; l'autre, conduite par le maréchal Soult, devoit passer le Minho, à Tuy, et se diriger sur Braga, Porto et Lisbonne. Notre division, destinée à faire partie de cette expédition, se réunit le 3 février à Saint-Jacques de Compostelle, pour marcher sur Tuy, où s'assembloit le deuxième corps. Les troupes aux ordres du maréchal Ney nous remplacèrent à la Corogne, au Ferrol et à Saint-Jacques. En se dirigeant sur Puente-Lesma, on aperçoit, à droite, une haute montagne, sur le sommet de laquelle paroissent les ruines d'un édifice. Un curé, à qui j'en parlai, me dit que c'étoit autrefois un temple consacré à Diane, et que cet endroit étoit encore en grande vénération dans le pays: l'objet du culte est seulement changé; car il est dédié à la Sainte Vierge. Cette montagne est appelée *Sierra Sacra*. Après avoir passé la Lesma, nous couchâmes à Trasdera.

Le 4, nous parcourûmes un pays aride et très-montagneux ; les villages, bâtis entre des rochers, y sont misérables ; le peu de terrain propre à la culture ne produit que du maïs et du seigle ; les habitans se ressentent de l'aridité du sol : ils sont à demi-sauvages. Nous couchâmes près de San-Clodio. Après une forte journée dans les montagnes et dans des chemins détestables, nous arrivâmes à Ribadavia ; c'est une petite ville entre des hauteurs, au confluent du Vinao et du Minho. Ses environs sont couverts de vignes qui produisent d'excellent vin : il y a beaucoup d'arbres fruitiers, principalement des orangers et des citronniers. Ne devant pas loger dans la ville nous y achetâmes des provisions; nous allâmes coucher à Melone, bourg à deux lieues de Ribadavia : il nous fallut gravir, pour y arriver, une montagne très-escarpée, tenant nos chevaux par la bride. Une forte pluie, accompagnée d'un vent très-impétueux, nous incommoda jusqu'au sommet, que nous n'atteignîmes qu'au bout de deux heures d'une marche pénible. Melone a un vaste couvent, qui nous offrit un abri; car le village est très-misérable: nos chevaux ne pouvoient entrer dans les maisons, qui ne peuvent recevoir que des chèvres ou des vaches.

Le 6, nous traversâmes le bourg de Franqueira, et nous allâmes nous établir à deux lieues en avant, au village d'Uma. Le quartier-général de l'armée étoit à Tuy, sur le Minho: c'étoit en cet endroit que l'on devoit passer ce fleuve; mais les obstacles qui se présentèrent y firent renoncer. Ce village d'Uma, dans lequel mon régiment resta huit jours, est bâti au milieu des rochers de granit; ses maisons ressemblent à des huttes de sauvages; les blocs de rochers, qui forment les murs, sont si mal joints, que les vents entrent de toutes parts et se disputent l'intérieur d'une chambre humide, sale et pleine de fumée; les pierres qui couvrent le toit sont rangées avec si peu d'art, que souvent l'eau tombe en abondance dans la maison: nous éprouvâmes ce désagrément la première nuit.

A notre approche les habitans s'étoient enfuis dans les montagnes. On les apercevoit quelquefois sur les rochers, armés de longs bâtons, et couverts de manteaux de paille pour se garantir de la pluie.

Je fus logé, avec mon colonel, chez l'homme le plus important du village; son nom étoit Pedro : il avoit été cuisinier d'un riche banquier de Lisbonne; il se ressentoit un peu d'un séjour de dix ans dans une capitale, car il étoit moins sale que ses compatriotes, et il avoit eu le courage de nous attendre: c'étoit le seul habitant qui fût resté chez lui. Voyant cependant que nous ne partions pas le lendemain, il quitta ses pénates, avec la hideuse Senora, sa moitié, et alla joindre ses camarades dans les bois. Son départ nous ayant donné plus de liberté, nous débarrassâmes la maison des haillons du sénor Pedro, que nous exposâmes à l'air pour les purifier, et nous mîmes de la paille fraîche à leur place.

Il plut continuellement pendant huit jours. Nous eûmes soin de boucher les trous, les crevasses et les fenêtres; car, comme je l'ai dit, le luxe des vitres est presque inconnu en Espagne. Nous passions nos journées à la clarté d'une lampe, faite avec les débris d'un pot, dans lequel, au lieu d'huile, on brûloit de la graisse de mouton. Là, autour d'une énorme peau de bouc, pleine de vin de Ribadavia, nous nous entretenions de nos guerres passées; nous chantions de joyeux couplets, et seulement quand l'outre étoit à sec, nous goûtions un doux sommeil. Il n'étoit troublé par aucun rêve sinistre, et comme ce n'étoit pas le jour qui venoit mettre un terme à notre repos, puisque nous étions dans les ténèbres, le premier éveillé donnoit le signal, et on recommençoit la journée comme la veille.

Le 13 février, nous eûmes avis d'un prochain mouvement vers le Portugal, et je reçus une mission pour aller en instruire les dépôts de la division, établis à Porino, petite ville près de la mer, entre Vigo et Tuy. Je partis avec dix hommes bien montés, me dirigeant à travers les montagnes;

je passai plusieurs torrens, que les pluies avoient considérablement grossis, et qui étoient très-dangereux pour des gens qui ne connoissoient pas le pays.

Après trois heures de marche j'arrivai dans une vallée bien cultivée, les sommets d'alentour étoient couronnés par de riches habitations ou de rians hameaux. Dans cet agréable séjour tous les arbres étoient en fleurs; de grands tapis de verdure, de différentes nuances, contrastoient singulièrement avec le jaune tranchant des oranges et des citrons, dont étoient enrichis des bosquets entiers.

Des haies de chevrefeuille, d'aubépine et de myrthe, bordant la route, répandoient dans l'air l'odeur la plus suave.

A notre approche, les paysans qui travailloient dans leurs champs, descendoient des collines et venoient près du chemin; ils nous comptoient d'un air dédaigneux, et, lorsque nous étions passés, quelques-uns faisoient entendre des injures et des menaces. A mesure que j'avançois dans la vallée, je voyois se former des groupes plus considérables : je pense que j'aurois été attaqué par les Galiciens, s'ils n'eussent cru que je faisois l'avant-garde d'un corps de troupes.

Je traversai la petite ville de Pontariès, qui est dans une charmante position, sur la rivière de ce nom. Je la passai sur un vieux pont, à une lieue de la ville, et j'entrai bientôt après dans de hautes montagnes couvertes de bois. De leur cime j'aperçus Porino; j'y arrivai tard. Cette ville, peuplée de malheureux bûcherons et pêcheurs, se compose de quelques maisons, qui bordent le grand chemin. Après avoir rempli ma mission, et fait rafraîchir deux heures mes chevaux, fatigués d'une journée de dix lieues dans de mauvais chemins, je me remis en marche, craignant que le mouvement ne s'opérât. La nuit nous surprit en sortant de Porino; de nombreux éclairs et des nuages épais, qui couvroient le ciel, m'annoncèrent un orage : il éclata à notre entrée dans les bois; nous fûmes assaillis par la grêle, la pluie, et un vent impétueux qui nous empêchoit de marcher.

Le bruit du tonnerre, répété par les échos des montagnes, le fracas des torrens, qui se précipitoient des rochers, joint à l'affreuse obscurité qui nous enveloppoit, faisoient éprouver à l'ame la plus forte impression. Mes dragons étoient, comme moi, accablés de lassitude, nous allions à pied, à tâtons dans l'obscurité, marchant un à un, et tenant, pour nous diriger, la queue du cheval de celui qui nous précédoit. Heureusement j'avois pris un guide à Porino, et je l'avois généreusement payé : sans lui nous aurions été obligés de passer la nuit sur ces montagnes. Enfin l'orage cessa, et nous aperçûmes une lumière dans la vallée. Nous dirigeant vers sa clarté, nous arrivâmes, à onze heures du soir, au village d'Arnozo. Je frappai à la première maison qui parut pouvoir nous loger; d'abord on m'accueillit fort mal, mais lorsque mon guide eut dit que j'avois avec moi un détachement, je reçus des salutations dues à la crainte que j'inspirois. Je couchai dans une grange avec mes dix hommes et mon guide, que j'eus soin de ne pas laisser communiquer avec les habitans, pour qu'ils ignorassent notre nombre. Je trouvai dans cette maison deux moines fanciscains de la plus mauvaise mine; ils firent toutes sortes d'instances pour m'engager à me désarmer et à me coucher dans un bon lit qu'ils avoient fait préparer. Voyant mon obstination, qui nuisoit sans doute à leurs projets, ils voulurent enivrer mes hommes, en faisant apporter plusieurs pots de vin devant la porte de la grange, où j'avois placé une sentinelle. Je renvoyai le vin, n'en réservant que vingt-cinq bouteilles, et leur disant qu'une par homme suffisoit. Mes hommes n'eurent en effet qu'à peu près une bouteille, et je répandis le reste pour qu'aucun ne s'enivrât. Je fis charger les armes, et laissai reposer mes dix hommes par moitié : ceux qui veilloient contoient des histoires. Je donnois l'exemple, et, bon gré malgré, chacun devoit dire la sienne. Je partis une demi-heure avant le jour. De telles précautions n'étoient pas inutiles ; car dix hommes isolés, au milieu d'un pays dont les habitans étoient soulevés, auroient été victimes de leur sécurité. Cette trop grande confiance a causé la mort d'un bien grand nombre de Français; et nous avons perdu en Espagne plus de monde en détail, par les assassinats, que sur les champs de bataille.

Je rentrois à Uma lorsque mon régiment en partoit, pour se rendre sur le Minho; il alla s'établir à Santjago de Ribaltene, près de la petite ville de Salvatierra. Le 15, il prit position à Santa-Maria de Cella, près du Minho, qui, en cet endroit, sépare la Galice du Portugal.

Au bruit de notre approche le tocsin sonna de toutes parts sur la rive gauche, et la nuit fut éclairée d'une immense quantité de feux allumés sur les bords du Minho. Le 16, au point du jour, nous aperçûmes une multitude de paysans portugais, qui bordoient la rive opposée. Malgré des torrens de pluie, le nombre croissoit à chaque instant. Couverts de manteaux de paille, dont la couleur se confondoit avec celle des rochers, plusieurs s'avançoient jusque sur le bord de l'eau, et tiroient sur tout ce qui approchoit du fleuve. En face du village de Santa-Maria de Bide, la rive, moins escarpée, offroit un endroit favorable à un débarquement. Comme les Portugais savoient que nous avions plusieurs barques et quelques radeaux, ils craignirent un mouvement sur ce point, et s'y portèrent en foule. En peu d'heures ils élevèrent une batterie, où ils placèrent deux canons de fonte d'un très-petit calibre. Plus de quatre cents femmes, parmi lesquelles on voyoit beaucoup de religieuses, travailloient à cet ouvrage; les unes, la pelle ou la pioche en main, rivalisoient avec les hommes les plus forts; les autres portoient la terre dans des paniers ou dans leurs jupes, et la jetoient hors de la tranchée; les enfans qui ne pouvoient travailler, apportoient à leurs parens du vin et des alimens; plusieurs moines, la tête nue et leur robe retroussée, dirigeoient tout, étoient par-tout, et se portoient où le péril étoit le plus grand. Par leurs discours et leur exemple, ils électrisoient cette multitude, qui nous haïssoit assez sans leur secours.

Le projet de passer le Minho, à Tuy,

pour entrer en Portugal, n'ayant pu avoir lieu faute d'embarcations nécessaires, et parce que la citadelle portugaise de Valença, bâtie sur la rive gauche, en face de Tuy, gênoit nos opérations, le maréchal Soult résolut de passer le Minho à Orensée; il commença son mouvement le 17 février, et notre division eut ordre de flanquer l'armée, en longeant le fleuve. Arrivés dans les villages de Barzella et de Herbo, que nous trouvâmes déserts, nous apprîmes d'un paysan, surpris dans les rochers, que tous les habitans des cantons voisins avoient pris les armes pour nous combattre, et s'opposer à notre jonction avec le corps d'armée qui avoit suivi la grande route de Tuy à Orensée : ils pensoient défaire aisément un corps de cavalerie, voyageant sans infanterie, au milieu des montagnes et dans des gorges étroites; ils ignoroient que nos soldats avoient le double avantage d'être tour-à-tour cavaliers et fantassins, et que la baïonnette au bout du fusil, ils emportoient une position inaccessible à la cavalerie. Le plus grand nombre de ces paysans étoit réuni au village de Maurentan. On n'y arrive que par un long défilé, bordé de haies, coupé par des rochers, et terminé par la petite rivière de la Sachas, qui en cet endroit se jette dans le Minho. Mille à douze cents hommes défendoient un pont très-étroit, barricadé et hérissé de chevaux de frise : il falloit passer ce pont pour arriver à Maurentan et continuer notre route. La division se mit en bataille derrière le défilé, et 200 dragons, mettant pied à terre, s'avancèrent vers le village. Les Galiciens firent d'abord mine de venir à leur rencontre; mais, voyant nos dragons armés de fusils, ils lâchèrent pied après avoir fait une décharge, et s'enfuirent dans Maurentan. Cachés derrière les maisons, ils firent feu sur nous pendant quelques momens. Cependant le pont ayant été forcé et les premières maisons enlevées, nous entrâmes dans le village ; il devint bientôt la proie des flammes : elles consumèrent ce que le fer ne put atteindre, et la plus horrible dévastation y détruisit tout ce qui étoit animé. Plus de 400 Espagnols y perdirent la vie :

nous eûmes seulement deux dragons tués.

A la vue du carnage et des maisons réduites en cendres, je déplorois le sort de ces infortunés qui, défendant leurs foyers et leur Roi, devenoient victimes de l'ambitieuse fureur d'un injuste conquérant. J'en sauvai quatre qui alloient être égorgés. Si le souvenir d'une bonne action est resté dans leur ame, peut-être auront-ils rendu la pareille à quelques Français tombés entre leurs mains.

Les habitans de Maurentan abandonnèrent ce village, s'enfuirent dans les rochers; ils y furent poursuivis, et on en tua un grand nombre. Pendant le combat, les Portugais, qui bordoient la rive gauche, tiroient sur nous, et nous envoyoient quelques boulets avec deux petites pièces sans affûts, placées sur des rochers; ils poussoient des cris effroyables, et faisoient sonner le tocsin dans tous leurs villages. En suivant les fuyards, nous arrivâmes au village de Sekelinos, qui eut le sort de Maurentan. Nous bivouaquâmes à la clarté de l'incendie, dans les vignes qui l'avoisinent. Plusieurs Français avoient été lâchement assassinés, quelques jours auparavant, dans le village de Creschente : on devoit faire une punition exemplaire en le brûlant. Une députation de l'alcade, du curé et de deux notables, vint demander grace; elle fut accordée, et les paysans de Creschente rentrèrent chez eux en déposant leurs armes.

Le 18 février, notre division fit sa jonction avec le corps d'armée, près de Melone; elle alla bivouaquer le soir au village de Cotto. L'infanterie fut répartie dans les environs, et deux bataillons occupèrent Ribadavia : ils y furent assaillis par une nuée de paysans descendus des montagnes. Le courage des Français l'emporta sur la multitude de leurs ennemis; car, après un combat sanglant, où un grand nombre de Galiciens perdirent la vie, le reste gagna les rochers. Le lendemain, en traversant Ribadavia, nous n'y trouvâmes pas un seul habitant : on en voyoit seulement quelques-uns errer sur les montagnes, attendant notre départ, et le cri de leurs imprécations arrivoit jusqu'à nous.

Sous les murs de cette ville, je vis un affreux tableau des effets d'une guerre si odieuse : au milieu d'un monceau de cadavres, nus et défigurés, j'aperçus ceux de deux femmes; l'une, de moyen âge, avoit un fusil à côté d'elle, portoit une giberne et un sabre d'infanterie, sa figure et ses lèvres, noircies par la poudre, indiquoient qu'elle avoit combattu long-temps et déchiré plusieurs cartouches; l'autre, entièrement nue, paroissoit n'avoir pas plus de dix-sept ans. Les horreurs de la mort n'avoient pas altéré ses charmes, qui conservoient toute leur fraîcheur. La première étoit morte d'un coup de feu dans la poitrine, en combattant dans les rangs galiciens; l'autre s'étoit précipitée sur la bride du cheval d'un officier, assailli par plusieurs paysans, et avoit reçu un coup de sabre, qui lui avoit fendu la tête.

Nous poursuivîmes notre route vers Certo do Celli, où nous bivouaquâmes après avoir chassé 5 à 6 mille paysans armés.

Le pays, à quelques lieues d'Orensée, est peuplé et très-fertile; cependant notre présence en faisoit un désert, car tous les habitans étoient cachés dans les rochers avec leurs familles, ou marchoient sous l'étendard du marquis de la Romana, qui avoit ordonné une levée générale en Galice. Cette vaste solitude avoit quelque chose d'effrayant......... Le silence qui régnoit aux approches d'un village, ou d'un bourg, n'étoit jamais interrompu par la voix d'un être vivant; seulement quelques coups de fusil, portant la mort dans les rangs, nous avertissoient que nous étions entourés d'ennemis, d'autant plus à craindre qu'ils se rendoient invisibles, et qu'ils étoient à l'abri de nos coups.

Notre division arriva dans la petite ville de Macide, qui lui fut assignée pour en tirer des subsistances : nous y bivouaquâmes le 21 et le 22. Ce lieu fut témoin d'un trait qui mérite d'être raconté, parce qu'il honore en même temps le caractère des deux nations.

Lors de notre départ des environs de

Saint-Jacques de Compostelle, au commencement de février, trois dragons démontés, étoient restés en arrière accablés de lassitude; deux d'entre eux furent massacrés par les paysans, et le troisième auroit eu le même sort sans l'humanité du curé de Carballinos. Ce respectable ecclésiastique, au péril de ses jours, le déroba à la fureur des paysans, en le cachant tantôt dans la sacristie, tantôt dans le clocher, où il resta enfermé plusieurs jours: la nuit, le curé lui apportoit à manger. Ayant appris que les Français passoient près de son village, il fit habiller à l'espagnole le dragon qu'il avoit soustrait à la mort, et l'amena dans nos bivouacs. Ce digne homme fut reçu de nous comme le méritoit une telle action.

Sur ces entrefaites, des soldats qui s'étoient écartés du camp pénétrèrent dans le village de Carballinos, et pillèrent sa maison. Il étoit encore parmi nous, lorsqu'on le lui annonça. Cette nouvelle se répandit bientôt; et la pitié, se mêlant à la reconnoissance, on ouvrit spontanément une souscription en faveur du curé; chaque soldat voulut y contribuer. Dans un instant, on recueillit cent louis, qui lui furent offerts; il ne consentit à les accepter qu'après avoir forcé celui qui lui devoit la vie à recevoir de quoi s'équiper. Il y eut alors entre eux un combat de générosité fort attendrissant, et je vis de vieux soldats verser des larmes à l'aspect de leur camarade, qui en répandoit de reconnoissance et de joie dans les bras de son libérateur. Ce moment nous fit éprouver quelques douces sensations. Au milieu des horreurs qui nous environnoient, nous aurions eu besoin quelquefois de pareilles scènes pour égayer notre imagination attristée et soulager nos cœurs.

Nous quittâmes Macide le 22 février, pour nous rapprocher d'Orensée, où le maréchal Soult établit son quartier-général. Nous apercevions déjà les tours de cette ville, lorsque nous reçûmes ordre de bivouaquer sur les hauteurs de la rive droite du Minho, près du village de Cabianca.

Ayant appris que nous restions quelques jours dans cette position, pour attendre l'artillerie qui venoit de Tuy, chacun s'empressa de s'établir le plus commodément possible. Notre camp offrit bientôt l'aspect le plus animé ; les uns coupèrent des branches d'arbres pour en faire des pieux; d'autres apportoient de la paille, et traçoient les dimensions d'une cabane; ceux-ci alloient aux provisions; les moins robustes faisoient du feu, et préparoient à manger. En vingt-quatre heures, notre bivouac présentoit toutes les commodités d'un village.

Pour nous préserver de l'ardeur du soleil, qui est déjà très-chaud dans cette saison, nous entourâmes nos baraques d'arbres de toute espèce; la nuit, ils arrêtoient l'abondante rosée dont, tous les matins, la campagne étoit blanchie. Nous nous réunissions sous ces berceaux de verdure pour prendre nos repas, parler du métier, et raconter nos aventures. L'excellent vin des bords du Minho animoit la conversation; chacune de nos prouesses étoit célébrée par une rasade, et l'on se passoit, à la ronde, un énorme coco qu'il falloit vider, sous peine de boire de l'eau le reste de la soirée.

A l'approche de la nuit, près d'un grand feu, nous bravions la fraîcheur de l'atmosphère; des propos joyeux et la gaieté la plus bruyante se prolongeoient jusqu'au jour; nous montions alors à cheval; nous faisions des reconnoissances aux environs du camp, et nous rentrions dans nos baraques pour nous livrer au sommeil.

Semblables à de vieux tonneaux, nos soldats étoient tellement avinés qu'ils ne se grisoient plus: ils buvoient une partie de la journée, et oublioient ainsi leurs fatigues. N'anticipant jamais sur l'avenir, ils vivoient heureux; jouant aux barres ou à la drogue, ou bien, assis autour d'une chaudière de vin chaud, ils chantoient de joyeux refrains. Souvent, au milieu de la nuit, divisés par bandes, chacun une torche de paille à la main, ils se livroient des combats, dont une peau de bouc pleine étoit le prix. Les uns occupoient un rocher qu'ils vouloient défendre; les autres s'efforçoient de s'en emparer. Trois ou quatre cents flambeaux, agités de diverses manières, et changeant de place à chaque instant, offroient, dans les ténèbres, le coup d'œil le plus divertissant : il n'y a que des Français qui soient susceptibles d'une telle gaieté. Ce caractère national ne se dément jamais, même au milieu des batailles et des privations les plus affreuses.

Le bivouac de Cabianca, que nous occupâmes jusqu'au 4 mars, est un des plus agréables que nous ayons eus en Espagne. Le bon vin que nos soldats y avoient bu, leur rendoit ce nom cher ; ils ne l'ont jamais oublié, et s'écrioient souvent : où est le vin de Cabianca ?

Nous arrivâmes à Orensée, que le maréchal Soult venoit de quitter avec une partie du corps d'armée. Cette ville, capitale de la province de ce nom, est le siége d'un évêché suffragant de Saint-Jacques de Compostelle ; elle étoit célèbre, sous les Romains, par ses eaux minérales et ses bains, qui étoient alors très-fréquentés. Elle est bâtie sur la rive gauche du Minho, et l'on y arrive par un beau pont, remarquable par sa prodigieuse hauteur : il est de l'an 1500. Les environs d'Orensée sont couverts de vignes et d'arbres fruitiers; les bords du fleuve y sont délicieux, et présentent les sites les plus pittoresques. Notre division ne s'arrêta pas dans Orensée, elle gagna Allaris sur l'Arnoya. Cette ville est sale et mal bâtie; il y avoit très-peu d'habitans. On voit près d'Allaris, sur une hauteur qui la domine, les ruines d'un château maure: quelques tourelles sont encore bien conservées, malgré l'effort des siècles. Nous allâmes bivouaquer près de Pignera d'Argos : l'on trouve aussi des ruines maures dans le voisinage de cet endroit.

Le 5 mars, nous marchâmes vers le bourg de Jinzo, situé sur le bord d'un lac; et, quittant la route de Montalègre à une demi-lieue de Jinzo, que nous trouvâmes désert, notre division se porta sur Monte-Rey. On disoit que M. le marquis de la Romana occupoit cette ville avec 20 mille hommes. Après avoir parcouru dans cette direction un pays très-montagneux, nous bivouaquâmes au village de Skornabo près de Villa del Rey, où étoit notre infanterie.

Le 6, au point du jour, flanquant la

gauche du corps qui se dirigeoit sur Monterey, nous apprîmes, dans la petite ville de Laza, que deux escadrons de cavalerie espagnole y avoient couché la veille, et que le marquis de la Romana, ne voulant pas nous attendre, rentroit en Castille. Après avoir marché toute la journée dans les montagnes, nous arrivâmes à Monterey, qui étoit évacué. Cette ville, entourée de vieilles murailles, est située sur une haute montagne; au bas coule la Tamega, qui arrose la petite ville de Verin. Dans une chaîne de montagnes qui borde la rive gauche de cette rivière, se trouve un défilé qui conduit en Portugal; il étoit défendu par 3 ou 4 mille Portugais qui couronnoient les hauteurs. Au sortir de Verin, le canon se fit entendre, et nous arrivâmes au trot dans le village de Vallatza, situé en face du défilé. Le 17e d'infanterie légère attaqua les troupes portugaises, et enleva leurs positions. En une demie heure, tout fut culbuté et l'artillerie prise : 50 dragons du 19e, qui suivoient les voltigeurs du 17e, firent une belle charge sur la route, et poursuivirent les fuyards jusqu'à San-Cypriano.

La division bivouaqua, après ce combat, sur les bords de la Tamega, près de Valatza, qu'occupoit déjà une division d'infanterie. Nous apprîmes là que le général Francheschi, avec sa division de cavalerie légère, avoit fortement maltraité l'arrière-garde de M. de la Romana. Trois drapeaux et grand nombre de prisonniers étoient restés en son pouvoir.

Le 7 mars, l'armée passa le défilé, et, entrant dans la plaine où est situé le village de San-Cypriano, bivouaqua à la vue de Villarelo, frontière de Portugal. Notre avant-garde s'en étant approchée, reçut quelques boulets envoyés par de gros canons en fonte et sans affûts, placés sur les rochers qui entourent ce village. Le 9, un bataillon d'infanterie s'empara de Villarelo, et l'armée se prépara à entrer en Portugal.

LIVRE SECOND.

Entrée en Portugal. — Prise de Chaves. — Marche sur Braga. — Combat et prise de Braga. — Fuite des religieuses de cette ville. — Prise de Guimarens. — Mort du général Jardon. — Combat, prise et pillage de Porto. — Trait héroïque d'une jeune portugaise. — Marche de la deuxième brigade de notre division, sur Penafiel et Amarante. — Attaque du pont de Canaves. — Les Portugais reprennent Chaves, Braga et Guimarens. — Héroïne de Penafiel. — Nous sommes forcés d'abandonner Penafiel. — Le Maréchal nous envoie dans cette ville deux régimens d'infanterie et de l'artillerie. — Nous occupons Amarante. — Combats journaliers avec les paysans. — Pillage et dévastation des bords de la Tamega. — Acharnement des Portugais contre nos soldats. — Nous manquons de vivres et de fourrages. — Prise du pont d'Amarante. — Relâchement de la discipline. — Les Anglais passent le Douero au-dessus de Porto, et surprennent le maréchal Soult. — Son projet de retraite sur Mirandella. — Il est forcé d'y renoncer par la position avantageuse de lord Beresford sur la rive gauche de la Tamega. — Notre retraite d'Amarante. — Nous rejoignons le Maréchal, près de Lissa. — Il abandonne la caisse de l'armée, son artillerie, et fait sauter ses munitions. — Incendie des villages portugais. — Massacre de nos soldats. — Catastrophe du pont de Saltador. — Arrivée de l'armée à Monte-Alegre. — Extrême misère de l'armée. — Entrée en Espagne. — Nous bivouaquons sur les bords de la Lima (le Léthé des Anciens). — Notre avant-garde arrive à Allaris. — Nous passons le Minho à Orensée. — Nous délivrons Lugo, assiégé par les Galiciens. — Nous sommes mal reçus par le sixième corps, rentrant d'une expédition dans les Asturies.

Le deuxième corps d'armée, destiné à faire l'expédition de Portugal, avoit environ 22 mille hommes, dont 3,000 de cavalerie; la plupart avoient fait les dernières campagnes d'Allemagne et de Pologne, et s'étoient couverts de gloire dans les plaines d'Austerlitz et de Friedland; leur confiance étoit encore augmentée par la réputation de leur Général, et ils ne demandoient qu'à trouver l'ennemi.

Le 10 mars, l'armée entra en Portugal par Villarelo. Notre brigade, formant l'avant-garde, rencontra 2.000 Portugais dans une belle position, près de Feçes d'Abaxos, sur la rive gauche de la Tamega. Nous passâmes cette rivière pour marcher sur eux, et après une charge vigoureuse, ils furent dispersés dans les montagnes. Pendant ce temps, un détachement de la garnison de Chaves, fort de 3,000 hommes, vint menacer notre flanc droit, tandis que 200 tirailleurs, embusqués dans des rochers inaccessibles à la cavalerie, nous faisoient beaucoup de mal. Ils furent chassés en un instant par 50 dragons qui mirent pied à terre. L'ennemi, attaqué de front par le 17ᵉ d'infanterie légère, et tourné sur son flanc droit par la cavalerie, se débanda entièrement à la première charge; 600 morts restèrent sur le champ de bataille, et nous poursuivîmes le reste jusques sous les murs de

Chaves, qui nous envoya quelques boulets.

Le Maréchal fit sommer la place, mais les habitans ne voulurent pas écouter le parlementaire. La garnison étoit d'environ 6,000 hommes, dont 1,500 soldats, et le reste des paysans armés. Du haut des remparts, ceux-ci vomissoient contre nous un torrent d'injures; ils nous menaçoient du sort le plus cruel, si nous tombions dans leurs mains. Nous restâmes jusqu'à la nuit à portée de canon de la place, et nous allâmes ensuite bivouaquer près du village de Boustello.

Le 11, notre division, à cheval dès le point du jour, coupa toutes les communications de la place sur la rive droite, tandis que le général Francheschi, avec sa division de cavalerie légère et une division d'infanterie, complétoit l'investissement sur la rive gauche. L'ennemi bordoit le rempart, tiroit le canon, même sur les vedettes, et faisoit entendre ses vociférations encore plus que la veille. La populace étoit tellement irritée, que le gouverneur eut bien de la peine à lui arracher un officier supérieur envoyé en parlementaire, qu'elle vouloit mettre en pièces. Une dernière sommation fut faite, le 11 au soir, avec menace d'un assaut et de passer la garnison au fil de l'épée; la place se rendit enfin le 12; un grand nombre de soldats en étoient déjà partis pour joindre l'armée portugaise, commandée par le général Silveyra. On trouva dans cette ville beaucoup de munitions et d'artillerie; le Maréchal y passa en revue les troupes de ligne et la milice qui formoient la garnison: ces derniers étoient vêtus et armés de mille manières, et offroient le plus bizarre assemblage. Ils furent renvoyés chez eux après avoir été désarmés; avec les soldats qui vouloient prendre du service, on forma quelques compagnies, dont on donna le commandement à des officiers portugais qui étoient avec nous.

Chaves (1) est arrosée par la Tamega,

---

(1) Est, dit-on, la ville que les Romains appeloient *Aquæ Flaviæ*. Ils la nommèrent ainsi en

qui coule dans une plaine très-agréable : cette ville est ancienne, et fut bâtie par les Romains; on voit encore des restes de leurs grands monumens, et un pont qui est bien conservé; elle a pour arme deux clefs : elle est effectivement la clef du Portugal, vers la Galice. Je pense que c'est ce qui lui a donné son nom; elle est bien bâtie et peuplée; l'extérieur des maisons est plus gai, et plus propre que celui des villes espagnoles : elle a deux petits forts, un sur chaque rive de la Tamega. Ses environs sont fertiles, et le climat très-salubre. On trouve, à une petite distance, des eaux minérales renommées.

L'armée séjourna trois jours à Chaves, pour faire des vivres; car nous étions prévenus que la province de Tras los Montes, dans laquelle nous entrions, est très-stérile, et que les habitans avoient emporté tous les comestibles dans leurs montagnes. Le sol de

---

l'honneur de Tite et de Vespasien, qui s'appeloient *Flavius*.

cette partie du Portugal est si inégal, que, dans la province entière, on ne pourroit, je crois, mettre deux escadrons en bataille. Les malades, les blessés et les gens inutiles furent laissés à Chaves avec une foible garnison. L'armée se mit en route le 15, se dirigeant sur Braga. Nous parcourûmes un pays inculte et désert; les villages sont très-rares, encore, n'y trouvions-nous personne. Après une marche de six heures dans les montagnes, nous arrivâmes sur leur sommet, et l'armée prit position à Saltouras. Nos postes furent inquiétés pendant la nuit, par les Portugais. Le lendemain, nous traversâmes le village de Ruivains, qui est dans une agréable position; son site riant contraste beaucoup avec l'âpreté des environs, couverts de bruyères et de sapins : un ruisseau, dont les bords sont ombragés d'orangers et de citronniers, le traverse dans sa longueur.

Les Portugais avoient établi une redoute en avant de Ruivains, pour nous disputer le passage, notre infanterie l'emporta, l'arme au bras. Au sortir du village de Vandanova, nous entrâmes dans le défilé de ce nom : à droite, est un torrent qui roule à plus de cent pieds au-dessous de la route; et à gauche, une montagne très-escarpée où se logèrent deux ou trois cents Portugais, dont le feu incommoda beaucoup notre artillerie. Un bataillon d'infanterie les en chassa, et nous bivouaquâmes dans le village de Salmonde. Sur toutes les hauteurs, et principalement sur celles appelées Alturas de Barozó, nous vîmes beaucoup de feux ennemis.

Le 17, notre division quitta le misérable village de Salmonde; nous voyageâmes une partie de la journée sur le sommet aride de hautes montagnes; mais nous appercevions, au-dessous de nous, une belle vallée arrosée par la Cavado, de jolis villages, entourés d'arbres fruitiers et de vignes; des maisons qui annonçoient l'aisance, avoient tenté quelques soldats imprudens, qui s'étoient détachés de leur régiment pour aller chercher des vivres. Ils avoient été égorgés par les paysans. Plusieurs fois, les cris de ces malheureux frappèrent nos oreilles, et nous éprouvions le cruel tourment de ne pouvoir les secourir. Des hauteurs de Carvalho, nous aperçûmes, sur les montagnes en avant de Braga, l'armée portugaise en bataille, qui étoit dans une très-forte position; nos avant-postes furent placés à Sant-Joao del Rey, et nous prîmes nos bivouacs près de Randoufigno, dans une plantation d'oliviers, après avoir échangé quelques boulets.

Le 18, l'ennemi fit déborder sa droite pour faire reculer notre aile gauche, adossée à des rochers avoisinant Linoso. Il envoya 2,000 hommes, qui s'emparèrent de ce village. Le Maréchal voulut le faire emporter par 300 dragons à pied, soutenus de deux escadrons. Cette entreprise auroit été couronnée d'un succès que promettoit l'assurance et l'enthousiasme de nos soldats, lorsqu'une prudence, hors de saison, vint arrêter l'élan du major Montigny, officier intelligent et audacieux qui commandoit cette attaque. J'étois à ses côtés, et nous commencions à gravir la montagne où l'ennemi étoit en position, lorsque nous reçûmes contre-ordre, au grand regret du major et de nos dragons.

Le 19 mars, le 31e régiment de ligne, soutenu de deux escadrons de dragons, s'empara de Linoso. Ce jour-là, les Portugais massacrèrent Bernardin Freyre d'Andrade, leur général, parce qu'il s'étoit fortement opposé, dans le conseil, à l'attaque demandée à grands cris par ses soldats, et qu'il avoit déclaré qu'on ne pouvoit tenir cette position. Le Maréchal résolut d'attaquer le lendemain.

Au point du jour, nous étions à Carvalho, d'où l'on voyoit les lignes portugaises; cependant, depuis la veille, elles s'étoient bien éclaircies; une partie de l'armée s'étoit retirée sur Braga.

L'attaque commença à sept heures; la division Laborde, soutenue de la quatrième division de dragons, formoit le centre. Les divisions Mermet et Francheschi, l'aile gauche; et celle du général Heudelet, la droite. Une batterie, placée en avant du centre, donna le signal, et la division Laborde marcha fièrement à l'ennemi, l'arme au bras, sans tirer un seul coup; cette audace intimida les Portugais, qui commencèrent à se débander. La cavalerie se mit à leur poursuite, les atteignit bientôt, et en fit un grand carnage. Nous entrâmes avec eux, pêle-mêle, dans Braga, et nous allâmes encore deux lieues au-delà; en sorte que nous fîmes quatre lieues au galop, sans donner de relâche à l'ennemi : sa perte fut considérable; son artillerie, ses bagages, ses caisses militaires, et plusieurs drapeaux, tombèrent en notre pouvoir.

A une lieue de la ville, apercevant devant nous une charrette attelée de quatre mules, qui s'éloignoit avec rapidité, deux de mes camarades, et moi, suivis de trois dragons, nous nous mîmes en devoir de l'atteindre. Une vingtaine de paysans, qui protégeoient sa fuite en tiraillant sur nous, se sauvèrent à notre approche : le conducteur de la voiture, imitant leur exemple, coupa les traits, et s'enfuit avec ses mules; arrivés près de cet équipage, abandonné au milieu de la route, nous y aperçûmes huit ou dix religieuses à demi mortes de frayeur.

Un seul homme, que nous avions distingué parmi les tirailleurs, ne les avoit pas quittées; c'étoit leur aumônier, qui, un fusil sur l'épaule, et une ceinture pleine de cartouches, nous attendoit fièrement. Quand nous fûmes à dix pas de lui, il nous couche en joue, et, lâchant son coup de fusil, il blessa mortellement un de nos dragons; alors il se jeta dans un champ voisin, en rechargeant son arme. Un dragon le poursuit, l'atteint, et le tue d'un coup de pistolet. Cette vue fit jeter les cris les plus douloureux à ces religieuses; elles se précipitèrent hors de la voiture, se prosternoient dans la poussière, et recommandoient leurs ames à Dieu. Plusieurs nous supplioient, les mains jointes, de les délivrer de la vie et de les réunir à leur directeur. Deux d'entre elles, qui étoient d'une beauté admirable, ne se plaignoient pas, mais leur figure exprimoit la douleur la plus profonde : elles versoient des larmes qui auroient attendri le cœur le plus dur.

Nous eûmes beaucoup de peine à faire comprendre à ces bonnes dames que nous respections leur sexe et leur état, et qu'il ne leur arriveroit rien ; elles ne nous croyoient pas susceptibles de cette générosité. Après les avoir un peu rassurées, elles nous témoignèrent le désir de rentrer dans leur couvent ; nous les fîmes accompagner à Braga.

Cette ville (1), où s'établit le quartier-

---

(1) Braga étoit, sous les Romains, une ville considérable. Elle fut long-temps le siége des rois Goths : on y voit encore des ruines qui retracent le souvenir de ces deux peuples.

Plusieurs auteurs anciens et modernes, tels que Pline, Acuna, Salazar de Mendoza, etc., rapportent une singulière convention, faite sous Auguste, entre les habitans de Braga et de Porto. Ceux-ci ayant été vaincus par les premiers, et les femmes de Braga ayant, par leur courage, contribué au succès de la victoire, ces héroïnes imposèrent aux habitans de Porto les dures conditions que voici :

1° Il n'étoit pas permis aux habitans de Porto de relever les murailles de leur ville, sans la permission des femmes de Braga ;

2° Aucun d'eux ne pouvoit occuper un emploi sans l'agrément d'une femme de Braga, qui, armée de pied en cap, devoit le faire prosterner en signe de

général du maréchal Soult, est sur la Cavado. Sa position est très-agréables et ses environs fertiles; c'est une des jolies villes que j'aie vues; elle est grande, et régulièrement bâtie; peu de cités d'Espagne peuvent lui être comparées pour l'élégance

---

servitude, et lui mettre le pied sur le col. Après cette cérémonie, il entroit en possession de sa charge;

3° Si une fille de Braga épousoit un habitant de Porto, elle devoit donner sa virginité à celui de ses parens qui lui plaisoit le plus, et c'étoit le nouveau marié qui la conduisoit lui-même au lit;

4° Si une femme de Braga se marioit à un habitant de Porto, celui-ci ne recevoit la dot que lorsqu'il avoit richement habillé le père et les frères de son épouse. Si elle étoit surprise en adultère, le mari n'avoit pas le droit de la tuer; mais il devoit la remettre entre les mains de son père, ou de son plus proche parent, qui lui infligeoit la punition qu'il jugeoit convenable;

5° Si elle étoit surprise en adultère avec un habitant de Braga, le mari de Porto n'avoit le droit de la punir qu'en retranchant le luxe de ses vêtemens.

On voit, à la sagesse de ces lois, que ce sont des femmes qui les ont faites, et on ne peut trop admirer la rare prévoyance qui les leur a dictées.

extérieure des maisons; elle est riche et commerçante; son archevêque jouit d'un grand revenu : il est primat du royaume.

Notre division bivouaqua au village de Tabossa, à deux lieues de Braga, sur la route de Porto. Nous envoyâmes plusieurs reconnoissances vers les villes de Guimarens et de Barcellos; la première est sur l'Ave, et la seconde près de l'embouchure de la Cavado : on y trouva des rassemblemens armés. Nous apprîmes que l'ennemi occupoit, près de Troffa, sur la rive gauche de l'Ave, une forte position avec beaucoup d'artillerie : nous restâmes dans nos bivouacs de Tabossa jusqu'au 24.

Alors nous marchâmes sur le bourg de Villanova, et delà sur l'Ave : l'ennemi avoit rompu le pont en bois, et le gué qui est audessous avoit été rendu impraticable, par des trous faits dans la rivière et des chevaux de frise. Toutes les avenues étoient barricadées, et il falloit, pour les forcer, vaincre les plus grandes difficultés. Nous fûmes obligés d'attendre l'arrivée de l'infanterie, et nous bivouaquâmes à Ferreiro.

Sur ces entrefaites, le maréchal Soult, ne voulant laisser sur ses derrières rien qui pût l'inquiéter, avoit envoyé deux divisions d'infanterie pour soumettre les villes de Barcellos et de Guimarens : nous attendîmes à Ferreiro l'arrivée de ces troupes.

C'est à Guimarens que fut tué le général Jardon, faisant le coup de fusil avec les tirailleurs. Cet officier-général étoit connu de toute l'armée par sa rare intrépidité, son ton brusque et ses formes repoussantes. Il poussoit jusqu'au cynisme la négligence de son extérieur : son uniforme et son cheval, équipé, ne valoient pas cent écus. Général depuis le commencement de la révolution, et toujours aux avant-postes, il avoit fait tuer plus de douze aides-de-camp : il ne pouvoit plus en trouver, et on lui fournissoit des sergens d'infanterie, qui en faisoient le service. Dès que les tirailleurs se portoient en avant, il marchoit à leur tête, le fusil sur l'épaule et une ceinture garnie de cartouches. Lorsqu'il étoit fortement pressé par le nombre, il demandoit un renfort de douze hommes et un sergent.

Il croyoit pouvoir tout entreprendre quand on lui envoyoit une compagnie de voltigeurs. Les soldats, dont il étoit l'ami et le compagnon, donnèrent des larmes à sa mémoire.

Le 26, la division de cavalerie légère ayant passé l'Ave, près de Guimarens, déboucha dans la plaine et vint prendre en queue l'ennemi qui gardoit le passage de Troffa. L'infanterie attaqua dans ce moment, et la position fut évacuée en un instant. Le reste de la cavalerie passa au pont de Léoncino, que l'ennemi n'avoit pas coupé. Nous poursuivîmes les fuyards jusqu'à la nuit ; nous bivouaquâmes sur une montagne, dans une forêt de sapins, près de Saint-Christophe de Mouron.

L'ennemi qui gardoit le défilé de Sidreira, en fut chassé et contraint de se retirer sur les hauteurs de Porto.

Nous avions été assaillis dans toute la route par les habitans, qui descendoient de leurs montagnes et venoient tirer sur nous avec impunité : il étoit impossible de les atteindre. Des femmes, des enfans étoient mêlés avec ceux qui faisoient le coup de fusil, les exhortoient et leur donnoient l'exemple.

S'il arrivoit qu'un soldat fatigué restât en arrière, il étoit aussitôt massacré, même à cent pas de l'arrière-garde. Elle accouroit aux gémissemens de cet infortuné; mais on ne voyoit plus qu'un cadavre mutilé, et ses bourreaux qui, sur un rocher voisin, insultoient à nos regrets.

Les femmes montroient, dans toutes ces occasions, plus de barbarie que les hommes, et poussoient plus loin le raffinement de la cruauté. Oubliant la retenue et la modestie de leur sexe, on en a vu commettre des atrocités qui outragent la nature. Ma plume se refuse à tracer tous les outrages qu'elles firent au cadavre d'un officier du 27e dragons, tué dans l'attaque du bivouac de ce régiment, par les paysans.

Nous apercevions, sur le sommet de toutes les montagnes, des signaux construits avec deux arbres de cinquante à soixante pieds de haut. Ces signaux, comme des télégraphes, indiquoient de suite la direction que nous suivions, et notre nombre. Nous les abattions; trois ou quatre jours après ils étoient relevés.

Les habitans étoient encore instruits de notre approche, par une épaisse fumée qui nous devançoit de village en village. Pour transmettre des renseignemens plus positifs, ils employoient des jeunes gens lestes et vigoureux, placés à la portée de chaque village, et dans un endroit convenu. Un d'entre eux étoit toujours présent, l'œil et l'oreille au guet; il partoit comme un trait, à travers les rochers, pour déposer au poste voisin la dépêche que venoit de lui remettre, en courant, un de ses camarades. Elle parvenoit ainsi sûrement au corrégidor ou à l'autorité militaire, et plus vîte que si elle eût été portée à cheval. Ces messagers ne tomboient jamais entre nos mains, tandis qu'il arrive très-souvent à l'armée que des courriers sont pris (1).

(1) Ces espèces de télégraphes vivans étoient en usage chez les Gaulois. Voyez *la Gaule poétique*, tom. 1 et 2.

La population entière des provinces d'Entre-Douero-et-Minho et de Tras-los-Montes, étoit sous les armes. Près de 40,000 hommes, et deux cents pièces de canon, défendoient Porto; ils étoient commandés par l'archevêque de cette ville, qui avoit sous ses ordres le colonel Harenschild et plusieurs officiers anglais; la droite de cette armée occupoit des rochers escarpés, qui se prolongent jusqu'au Douero; la gauche étoit appuyée à la mer, et le centre avoit un fort hérissé de canons, dans une position qui dominoit le point par où nous devions déboucher. Nous avions encore deux divisions en arrière, en sorte que la journée du 27 se passa en attaques d'avant-postes. Pendant la nuit, l'ennemi fit feu de toute son artillerie. Il avoit mis en batterie beaucoup de pièces de marine du plus gros calibre, qui lançoient des boulets jusque dans les bivouacs de notre division de cavalerie, établis à près d'une lieue des redoutes. Le centre de la position ressembloit au Vésuve dans une éruption. Notre infanterie parvint à se loger sous cette voûte de feu, où elle fut entièrement à l'abri : l'ennemi n'obtint d'autres résultats, que de consumer beaucoup de munitions.

Le général Foi, que le Maréchal avoit envoyé en parlementaire, courut risque de la vie ; il fut entièrement dépouillé et maltraité par les paysans, qui le jetèrent dans un cachot. Le lendemain, lors de l'attaque de la ville, étant parvenu à s'échapper, il nous rejoignit presque nu et couvert seulement d'une mauvaise capote de fantassin.

Pendant la nuit du 28 au 29, dans l'intervalle que laissoient entre elles les nombreuses décharges de l'artillerie portugaise, on entendoit le son de toutes les cloches de Porto, les cris confus de ses habitans, et le tocsin agité dans les campagnes voisines. Depuis que je faisois la guerre, je n'avois pas vu de spectacle plus terrible et une bataille s'annoncer avec plus de fracas. A sept heures du matin, une forte canonnade et la fusillade s'engagèrent sur toute la ligne. La première attaque fut dirigée pour tourner l'aile droite de l'ennemi ; le centre fut emporté l'arme au bras, par notre infanterie. Le 86e et le 70e régiment, après avoir franchi trois lignes de redoutes, entrèrent dans les dernières fortifications. Les Portugais se débandèrent de tous côtés, et l'on en fit un grand massacre. Dès que le passage fut ouvert à la cavalerie, elle se mit à leur poursuite, et les chargea jusqu'au Douero, qui traverse la ville. Quand nous y arrivâmes on travailloit à couper le pont; la foule étoit si grande qu'il se rompit : un nombre infini d'habitans fut noyé; d'autres furent écrasés dans l'écroulement; mais la majeure partie, arrêtée sur ce qui restoit du pont, et pressée par la foule, qui alloit toujours en croissant, fut mitraillée par le canon portugais, qui, de la rive gauche, tiroit sur notre tête de colonne : ce spectacle étoit affreux. J'en vis un autre, qui prouve combien le fanatisme de la liberté animoit le peuple; un voltigeur d'infanterie légère venoit de tirailler sur les bords du Douero, il aperçoit une femme qui luttoit contre les flots; il s'y précipite, la saisit par les cheveux et la dépose sur la rive : c'étoit une jeune femme de dix-huit à vingt ans; ses vêtemens annonçoient une personne d'une classe distinguée. Elle revint de son évanouissement au bout de quelques minutes, jette autour d'elle un coup d'œil égaré, rassemble ses forces, et court se précipiter une seconde fois dans le fleuve, en disant: Non, je ne devrai pas la vie à des monstres qui déchirent ma patrie. Quel héroïsme! que ne devoit-on pas craindre d'un peuple qui montroit une si grande énergie!.....

On se battoit encore dans quelques rues, on fit main basse sur tout ce qui étoit armé. Cette grande ville se vit, pendant quelques heures, en proie à toutes les horreurs d'un assaut. J'eus le bonheur de sauver une jeune personne, qui alloit être victime de la brutalité de plusieurs fantassins ivres. Apercevant, de la rue où nous étions en bataille, une femme qui alloit se précipiter d'un balcon, je la vis en même temps retirer brusquement par des soldats, dans l'intérieur de l'appartement; je monte, le sabre à la main, j'écarte ces brigands, mais je fus couché en joue par un d'entre eux; le coup part, et je ne dus ma vie qu'à l'ivresse qui l'empêcha de bien m'ajuster. Trois dragons, accourus au bruit, m'aidèrent à les chasser. Je sortis de cette maison, comblé des bénédictions de toute une famille, et avec le contentement qu'inspire une bonne action.

L'ordre se rétablit par les soins du maréchal Soult, et l'on vit rentrer les habitans, dont la plupart s'étoient enfuis. Porto (1) est la seconde ville du Portugal, et une des plus riches de l'Europe. Sa situation, à l'embouchure du Douero, ne contribue pas peu à la rendre commerçante : elle est bien bâtie. On y remarque de beaux édifices, tels que l'archevêché et l'opéra : les vins de Porto

---

(1) Porto est une ville ancienne, sur l'Océan, à l'embouchure du Douero ; elle fut bâtie, dit-on, par les Gaulois, 296 ans avant Jésus-Christ. Les Maures la détruisirent entièrement en 716. Elle fut rebâtie en 905, et rasée quelque temps après par Almanzor, roi maure de Cordoue ; elle resta presque déserte jusqu'en 982, époque où elle sortit de nouveau de ses ruines.

sont très-estimés, et il s'en fait une grande exportation en Angleterre.

Le pont, sur le Douero, fut réparé ; l'infanterie passa sur la rive gauche, et la division de cavalerie légère prit position à Abergana-Nova, poussant des reconnoissances sur la Vouga.

Notre brigade eut ordre de se porter sur Amarante, pour tâcher d'ouvrir la communication avec le maréchal Victor, qui devoit concourir avec nous à l'expédition de Portugal, en occupant le pays entre le Douero et le Tage. Nous allâmes bivouaquer près de Valongo, petite ville remplie de boulangers, qui fournissent du pain à Porto. Les hauteurs qui la dominent avoient été fortifiées et garnies d'artillerie ; mais l'ennemi les avoit abandonnées. L'on sut, à Valongo, qu'une partie de l'aile droite de l'armée portugaise s'étoit retirée sur la Tamega.

Le 31 mars, nous passâmes la Souza, et nous établîmes nos bivouacs à Penafiel, autrefois appelé *Arifana* ; cette petite ville est bâtie sur le penchant d'une montagne :

elle forme un défilé très-étroit d'une demi-lieue; car elle n'a qu'une seule rue qui se prolonge du haut en bas de la montagne. Le 18e régiment de dragons occupa la partie haute de la ville, et le 19e la partie basse.

Devancés par la terreur qu'inspiroit notre nom, nous ne trouvâmes pas d'habitans dans Penafiel : un vieillard octogénaire, qui n'avoit pu suivre les siens dans les rochers, restoit seul; il étoit assis sur une borne, dans la place publique, et adressoit des prières au ciel. Le feu qui brilloit dans ses yeux, et les regards qu'il nous lançoit, indiquoient bien la nature des souhaits qu'il faisoit pour nous. Un silence effrayant régnoit dans la ville; il n'étoit interrompu que par le son uniforme des heures, et par les aboiemens de quelques chiens abandonnés. Les armes de la maison de Bragance, placées sur les édifices publics, étoient couvertes d'un crêpe noir, et sembloient porter le deuil de la patrie. Toutes les habitations étoient ouvertes; les églises seules étoient fermées, comme si notre aspect en eût dû profaner la sainteté. Les comestibles, et tout ce qui pouvoit nous être utile, avoient été enlevés ou détruits. Cette haine implacable de nos ennemis, ce soin continuel de nous nuire et ces grands exemples de dévouement, firent dès-lors quelque impression sur le moral de nos soldats, accoutumés à vivre chez les bons Allemands, et aussi tranquillement un jour de bataille que dans leurs cantonnemens.

Nous devions nous porter jusqu'à Amarante, et reconnoître la portion de l'armée portugaise qui s'étoit retirée sur ce point, lorsque nous apprîmes qu'à trois lieues de nous le village de Canaves étoit occupé par un fort parti, en sorte que notre flanc droit alloit être entièrement découvert, si nous quittions Peṇafiel. Le général Caulaincourt, qui nous commandoit, voulut s'emparer de Canaves, afin de ne pas laisser d'ennemis entré Porto et lui. Il fit un détachement de 500 chevaux, et nous marchâmes vers Canaves; nous ne rencontrâmes personne jusqu'à notre arrivée sur le plateau qui domine le village : là, nous aperçûmes, à quelque distance, des bandes de 15 à 20 paysans, qui sembloient n'attendre que le signal pour nous attaquer. Vêtus de noir, ou de couleur sombre, au milieu des rochers blanchâtres, ils avoient l'air de spectres attachés à notre poursuite, et qui venoient nous reprocher le malheur de leur pays; ils suivoient de loin nos mouvemens, et s'arrêtoient quand nous faisions halte.

La Tamega arrose le village de Canaves, dont la plus grande partie est sur la rive gauche; un pont de pierre étroit et fort long établit la communication entre les deux rives, qui sont très-escarpées. Cette rivière n'est pas guéable depuis Amarante jusqu'à son embouchure.

Deux cents dragons, commandés par le major Montigny, mirent pied à terre, et descendirent jusqu'au pont; ils le trouvèrent barricadé et hérissé de chevaux de frise; 2,000 hommes, embusqués dans les maisons, et trois pièces de canon, défendoient la rive gauche. Nos soldats franchirent une large tranchée, et jetèrent dans la Tamega ce qui s'opposoit à leur passage; mais, arrivés à l'autre extrémité du pont, ils ne purent surmonter les obstacles qu'ils trouvèrent. Un capitaine du 19ᵉ fut blessé grièvement en arrachant les palissades qui fermoient le passage. Après deux heures d'un combat très-vif, où nous eûmes 80 hommes tous blessés par-devant, le détachement regagna la montagne, où nous étions aux prises avec les habitans, qui nous avoient attaqués de tous côtés dès que l'action avoit été engagée sur le pont. Quoique le pays soit très-coupé, nous fîmes plusieurs charges, et nous tuâmes beaucoup de monde; notre position étoit d'autant plus pénible, que les dragons, à cheval, étoient obligés de tenir les chevaux de ceux qui combattoient à pied.

Nous opérâmes notre retraite sur Benafiel, emmenant nos blessés. Nous fûmes harcelés jusques dans nos bivouacs par une multitude de paysans, qui sembloient sortir de la terre ou tomber des nues dès que nous étions un peu éloignés.

Le 3 avril, la haute ville et nos bivouacs de Penafiel furent attaqués par une forte reconnoissance, venue d'Aramante; l'ennemi fut repoussé et poursuivi jusques dans les rochers voisins.

Le 4, environ 600 paysans, débouchant par la route de Guimarens, se placèrent sur la Souza; leurs tirailleurs attaquèrent nos postes avancés. Pendant huit jours, nous fûmes continuellement sur pied, pour repousser les nombreux assaillans, qui, à la faveur des rochers et des plantations d'oliviers, se glissoient près de notre camp, et tiroient dans nos baraques et sur nos chevaux; ils poussoient le fanatisme jusqu'à se livrer à une mort certaine, pourvu qu'ils pussent tuer un Français. Dès qu'ils s'aventuroient dans une petite plaine voisine de notre bivouac, nous les chargions avec vigueur: nous en tuâmes un grand nombre; le reste, loin d'en être intimidé, n'en devenoit que plus furieux. A huit lieues de l'armée, et environnés d'une population entière sous les armes, notre position n'étoit plus tenable: on nous envoya de Porto un régiment d'infanterie et deux pièces de canon; nous espérâmes avec ce renfort nous maintenir sur la

Souza, car il ne falloit plus songer à Amarante, occupée par le général Silveyra, qui venoit d'y arriver avec 6,000 soldats et 10,000 paysans; il rentroit d'une expédition sur Chaves, Braga et Guimarens, qui étoient tombés en son pouvoir. Nous apprîmes aussi que Vigo, où étoient les dépôts et la caisse de l'armée, avoit été rendu par capitulation aux Galiciens, sous les ordres de Murillo. Ces nouvelles ranimèrent le courage des habitans, que la prise de Porto avoit consternés, et ils allèrent en foule se ranger sous les drapeaux de Silveyra. Ils furent aussi joints par les nombreux admirateurs d'une dame des environs de Penafiel, célèbre par sa rare beauté. Méprisant le repos et la timidité naturelle à son sexe, cette fière Portugaise, l'épée à la main, le casque en tête, avoit, par ses exemples et ses discours, enflammé tous les esprits. Promettant aux uns les lauriers de la gloire et la reconnoissance de la patrie; flattant les autres d'un espoir que ses beaux yeux rendoient bien doux, elle voyoit marcher sous sa bannière plusieurs centaines d'hommes, qui la reconnoissoient pour leur chef. Je suis bien fâché d'avoir oublié le nom de cette amazone.

Cependant le général Loison, qui avoit été envoyé par le Maréchal pour commander sur la Souza, résolut de faire une reconnoissance vers Amarante, avec 800 hommes d'infanterie et 600 chevaux. Nous rencontrâmes les postes ennemis à trois lieues, au village de Villa-Magnia; nous les poussâmes à une lieue d'Amarante. L'ennemi étoit en position sur une montagne, en arrière du village de Pedrilla : il avoit environ 10 mille hommes d'infanterie. Comme nous n'avions pour but qu'une simple reconnoissance, nous regagnâmes Penafiel : nous ne fûmes suivis que par les paysans.

Le 12 avril, à midi, l'ennemi, venu d'Amarante, nous attaqua sur trois points. Son intention étoit de s'emparer du pont de la Souza, et de nous fermer la retraite; il fut trompé dans son attente, car nous quittâmes Penafiel, et nous allâmes prendre position sur la rive droite de cette rivière. Le général Silveyra commandoit cette expédition; il avoit sous ses ordres un capucin connu, dans le pays, par son audace et sa force prodigieuse : on le nommoit le capitaine More : vêtu de rouge, avec une ceinture noire, on le voyoit à la tête de toutes les attaques; il entra un des premiers dans Penafiel. Cette ville, dans laquelle nous n'avions vu personne pendant notre séjour, fut bientôt remplie d'habitans; ils paroissoient, comme par enchantement, aux fenêtres et sur les toits, lançant des pierres, des meubles, et tout ce qui se présentoit sous leurs mains. Un misérable savetier, qui étoit rentré depuis deux jours, et avoit beaucoup gagné avec nous, se distingua par son acharnement; il jetoit à la tête des fantassins de l'arrière-garde, ses formes, ses outils, et paroissoit y mettre d'autant plus d'animosité qu'il craignoit que ses concitoyens ne lui fissent un crime d'avoir travaillé pour nous. Le tocsin se faisoit entendre de toutes parts; le son lugubre et redoublé des cloches, imprimoit une sorte d'épouvante que n'avoit jamais inspiré le bruit du canon et de la fusillade.

Comme nous passions près d'une église, des coups de fusil, tirés par les fenêtres, nous blessèrent quelques hommes, et tuèrent plusieurs chevaux. Notre route en fut retardée; car il falloit débarrasser les cavaliers et les sauver des mains des paysans, qui, à l'aspect d'un homme blessé, se précipitoient pour s'en emparer. Cependant les Portugais ne dépassèrent pas Penafiel, et notre division s'arrêta devant le village de Baltar, où elle bivouaqua.

Le 15 avril, il arriva de Porto deux autres régimens d'infanterie et de l'artillerie, pour marcher avec nous sur Amarante. Le duc de Dalmatie vouloit absolument avoir des nouvelles du maréchal Victor, qui devoit être entré en Portugal, et il chargea le général Loison de pousser le plus avant possible, pour en apprendre quelque chose.

Nous marchâmes, le même jour, sur Penafiel, d'où nous chassâmes la cavalerie ennemie, et nous bivouaquâmes devant le village de Gaïzig.

Le 17, on résolut d'attaquer le général

Silveyra, qui occupoit la même position que le jour de notre reconnoissance. Quelques volées de canon, tirées sur les masses portugaises, dissipèrent en un clin d'œil cette nuée d'ennemis. La cavalerie se mit à leur poursuite sur la route, et l'infanterie dans les montagnes. Ils s'arrêtèrent en arrière du village de Fregi, à l'entrée d'un bois de sapins; pressés de toutes parts, ils abandonnèrent bientôt cette nouvelle position, et nous entrâmes pêle-mêle avec eux dans Amarante (1). Si notre infanterie eût été arrivée on se seroit emparé alors du pont qui est sur la Tamega, qui nous coûta, plus tard, bien des hommes et beaucoup de temps. Six cents Portugais se jetèrent dans un grand couvent, qui est en

(1) Amarante, petite ville sur la Tamega, a été fondée 360 ans avant Jésus-Christ. Elle a été détruite bien des fois par les Maures et par les Espagnols, dans leurs guerres contre les Portugais. En 1250 il n'en existoit plus que la place; elle commença à se rétablir en 1559, par les soins de Catherine d'Autriche, femme de Jean III, roi de Portugal.

face de la rue par où nous devions déboucher. Tout ce qui se présentoit dans cette fatale rue, qui n'avoit pas plus de huit pieds de large, étoit renversé par la mousqueterie du couvent, et la mitraille de trois bouches à feu, en batterie sur la hauteur de la rive gauche, qui commande la ville.

L'ennemi ayant eu le temps de se retirer derrière les fortifications, il fut reconnu qu'il étoit impossible d'enlever le pont sans perdre beaucoup de monde. On attaqua le couvent, qui ne fut emporté qu'après de grands efforts; et deux compagnies de voltigeurs s'y logèrent. Le 17ᵉ d'infanterie légère occupa la ville d'Amarante jusqu'au pont; la cavalerie, le 70ᵉ et le 86ᵉ, s'établirent sur les hauteurs, dans des bosquets d'orangers et de citronniers. Nos postes d'infanterie qui bordoient la Tamega, furent obligés de lever des épaulemens, pour se garantir du feu des Portugais, qui ne laissoient pas nos sentinelles une minute à la même place sans leur tirer des coups de fusil.

Les villages voisins de notre camp étoient entièrement déserts; ils ne présentoient aucune ressource: tout avoit disparu; nous vivions de ce que nous allions enlever aux paysans réfugiés dans les rochers, et nous ne savions pas ce que nous mangerions le lendemain. Il périssoit toujours quelqu'un dans ces combats; et, lorsque nos provisions étoient finies, on savoit que nous ne pouvions nous en procurer d'autres qu'au prix du sang de quelqu'un d'entre nous. Bivouaqués dans un endroit peu fertile, nous eûmes bientôt coupé le blé, le seigle et l'orge des champs voisins, pour nourrir nos chevaux. Il fallut ensuite aller jusqu'à deux lieues pour en trouver. Les habitans nous suivoient à une certaine distance, et se cachoient dans les moissons jusqu'à ce que nous eussions coupé et lié en botte la provision du jour; mais dès que nous en avions chargé nos chevaux, et que nous regagnions le camp, nous étions assaillis de tous côtés par une grêle de coups de fusil, et souvent nous étions obligés d'abandonner notre fourrage, pour courir sur ces furieux épars çà et là. Ils ne nous attendoient jamais pour combattre corps à corps; ils se retiroient de rocher en rocher, et revenoient sur nous dès que nous avions désemparé. Cet acharnement de nos ennemis, les cruautés qu'ils exerçoient envers ceux d'entre nous qui tomboient entre leurs mains, et l'isolement où nous étions depuis notre entrée en Portugal, avoient exaspéré l'armée : nos soldats immoloient sans pitié tous ceux qu'ils atteignoient. Pour se venger, ils incendioient les villages, démolissoient ce qu'avoient épargné les flammes, et détruisoient tout ce qui pouvoit être de quelque utilité. Ces brigandages, qu'on ne pouvoit réprimer dans un tel état de crise, portoient les coups les plus funestes à la discipline. On alloit à la maraude et piller en ordre ; chacun rapportoit ce qu'il pouvoit trouver de grain, et le tout, mis en commun en arrivant au camp, étoit envoyé au moulin. Il avoit fallu se battre pour se procurer le grain, il falloit soutenir un combat pour le faire moudre. On distribuoit la farine par compagnie, et chacun faisoit cuire une galette sous la cendre. Nous avions du vin en abondance, parce que les caves d'Amarante étoient pleines :

elles nous furent bien nécessaires; mais tous les jours il devenoit plus difficile de se procurer des fourrages, et l'audace de nos ennemis s'accroissoit de nos malheurs : ils avoient appris qu'une armée anglaise, forte de 18 à 20,000 hommes, venoit de débarquer à Lisbonne et se rassembloit à Coimbre; que 50,000 hommes de milice étoient devant Lisbonne, pour défendre cette capitale, et se porter sur les défilés d'Abrantès, si le 1er corps, aux ordres du duc de Bellune, vouloit entrer en Portugal.

Nous fûmes instruits que le maréchal Ney, enfermé dans la Corogne, le Ferrol et Saint-Jacques, avoit de la peine à se maintenir contre la Galice révoltée; que 12 mille Portugais et Galiciens avoient assiégé Tuy, où étoit notre grand parc; cette place, sans fortifications, fut vaillamment défendue par le général Lamartillière. Le maréchal Soult avoit envoyé pour la délivrer, une division commandée par le général Heudelet, qui, après avoir traversé la province d'Entre-Douero-et-Minho, arriva à Vallança, dont il s'empara, et fit lever le siége de Tuy; il fit sauter les fortifications de ces deux places, et rentra à Porto.

Sur ces entrefaites, le duc de Dalmatie cherchoit à rétablir le calme dans Porto: il s'étoit concilié l'estime de beaucoup de Portugais, et il étoit aimé autant que pouvoit l'être un Français. Mais il se répandit dans l'armée qu'il aspiroit à la souveraineté du pays: on en conçut d'abord quelques inquiétudes, qui furent bientôt dissipées. Cependant le Maréchal fit arrêter un adjudant-major du 18e de dragons, qui s'étoit rendu déguisé de Porto à Lisbonne, et qui avoit eu plusieurs conférences avec le général anglais. Il fit arrêter aussi deux ou trois officiers supérieurs, qui furent envoyés à Paris pour rendre compte de leur conduite dès que nous fûmes sortis du Portugal. On n'a jamais su exactement ce qu'on leur imputoit.

Il étoit impossible de nous porter sur Lisbonne, quoique ce fût l'ordre bien positif de Napoléon. Les provinces du nord du Portugal et la Galice étoient insurgées, nos communications interceptées, et nous n'avions aucune relation avec les autres corps d'armée depuis le mois de janvier. Nous ignorions quelle étoit leur situation et leur attitude en Espagne. Le Maréchal se maintint dans cette position critique pendant le mois d'avril et les premiers jours de mai; voyant enfin qu'il ne pouvoit plus tenir, il résolut de quitter le Portugal par Mirandella et Bragance; mais il falloit, pour opérer cette retraite, se rendre maître du pont d'Amarante. Le 2 mai, à trois heures du matin, il fut enlevé de vive force, par le moyen d'une fougasse et d'une charge à la baïonnette. Le général Silveyra et les Portugais furent jetés dans les montagnes de la rive gauche : notre cavalerie poursuivit les fuyards jusqu'à Villa-Réal. La poste de Lisbonne venoit d'y arriver : elle nous donna connoissance du commencement des hostilités en Allemagne, et des fortes levées qu'avoit faites le Portugal.

Jusqu'au 10 mai, que nous occupâmes les mêmes bivouacs sur les hauteurs d'Amarante, nous éprouvâmes les mêmes difficultés pour fourrager et nous procurer des subsistances. Les obstacles toujours croissans, et les mouvemens des Anglais sur Lamego, rendoient notre situation très-alarmante; nous trouvions encore quelques ressources sur la rive gauche de la Tamega, mais il falloit les disputer aux paysans dans les bois et dans les rochers: on couroit après un habitant comme après une bête féroce, et les soldats, dès qu'il en apercevoient un, s'écrioient en saisissant leurs fusils: *Voilà un homme! voilà un homme!* et on se mettoit à sa poursuite, jusqu'à ce qu'il fût tué. J'en ai vu un dont la cuisse fut cassée: il tomba sans abandonner son arme, et eut encore le courage de coucher en joue et de tuer un brigadier de mon régiment; j'ai vu, dans une autre occasion, un vieillard à cheveux blancs, retranché derrière un rocher avec un fusil à deux coups armé d'une baïonnette, blesser trois hommes et cinq chevaux; il ne voulut pas recevoir de quartier, et on ne put l'atteindre qu'en faisant le siége de son rocher, où il se défendit long-temps.

Depuis notre entrée en Portugal, nous avions continuellement bivouaqué; mais le climat est si doux que nous n'en étions nullement incommodés. Dès que la fraîcheur du matin se faisoit sentir, nous nous réunissions autour du feu pour boire du vin chaud et fumer. La guerre affreuse que nous faisions avoit un peu altéré notre gaieté; il étoit cependant des momens où nous la retrouvions en fermant les yeux sur l'avenir: le plus souvent nous nous entretenions de nos campagnes du nord, et des aventures de cantonnement. Comme la modestie et la discrétion ne sont pas les vertus favorites des sous-lieutenans de dragons, il est plus d'une baronne allemande à qui ses oreilles ont dû annoncer qu'on parloit de son amabilité et de ses graces.

Les habitans ne nous laissoient plus un moment de repos, et, par ses manœuvres, l'ennemi nous montroit, sur tous les points, des forces supérieures aux nôtres. Ce n'étoit cependant pas la plus grande calamité: le relâchement de la discipline étoit à son comble; beaucoup de chefs, pour mettre à l'abri des richesses honteusement acquises, ne servoient plus, et ne soupiroient qu'après le moment de rentrer en France. J'ai vu compromettre le salut d'une troupe, pour sauver le fruit des concussions et du pillage. Le Maréchal, qui connoissoit ceux de ses officiers qui s'étoient ainsi avilis, leur en fit publiquement les reproches les plus sanglans; mais le coup étoit porté et la contagion trop répandue : l'on marchoit avec sécurité sur la mine qui alloit éclater. Nous apprîmes, le 10 mai, que le général Silveyra venoit d'être joint par lord Beresford, que sir Arthur Vellesley avoit détaché de son armée, tandis qu'il se dirigeoit lui-même vers Porto. Ce même jour, la cavalerie légère du général Francheschi fut attaquée sur la Vouga, et se replia sur Porto. Le Maréchal fit détruire, le 11, le pont sur le Douero.

Dans la nuit du 11 au 12, un corps anglais, commandé par les généraux Murray et Paget, passa le Douero au bac d'Avintas et à Villa-Nova au-dessus de Porto: soit que le Maréchal n'en fût pas instruit, soit qu'il dédaignât cette nouvelle, la même sécurité régna dans la ville. Le dessein de l'ennemi étoit de couper la communication entre le général Loison et le Maréchal : le 12 au matin, ce dernier fut assailli de tous côtés par les Anglais des généraux Murray et Paget, et par ceux qui passoient le Douero près du pont de bateaux rompu la veille. Le Maréchal fut obligé d'évacuer Porto à la hâte ; il y laissa 1,200 malades, 50 pièces d'artillerie et une partie de son bagage. Il se retira sur Penafiel, pour opérer sa jonction avec notre division.

Tandis que les Anglais s'emparoient de Porto, lord Beresford nous attaquoit vivement à Amarante. L'armée portugaise se prolongeoit au loin, et couronnoit toutes les hauteurs sur la rive gauche de la Tamega. Le but du général ennemi étoit de nous fermer le passage, par Mirandella. Le Maréchal ayant appris ce nouveau contretemps, ordonna la retraite sur Braga.

La division Loison et la cavalerie, se mirent en marche dans cette direction, après avoir barricadé le pont sur la Tamega.

Nous fûmes joints en route, près de Lissa, par un détachement de vingt-cinq hommes, commandé par M. de Saint-Geniès, sous-lieutenant au 19e régiment de dragons : cet officier étoit porteur d'ordres du Maréchal. Avec sa petite troupe, il avoit traversé beaucoup de villages insurgés : on l'avoit bien traité, le prenant pour un anglais ; mais, reconnu dans un bourg, par l'imprudence d'un dragon, il fut investi par la populace, qui l'accabla de coups de fusil et de pierres ; il chargea sur cette multitude furieuse, et parvint à sortir d'une rue étroite où il devoit périr avec tout son monde. Cet officier sauva son détachement, à l'exception de trois hommes qui furent pris. En passant dans ce bourg, nous les trouvâmes cloués à un mur, par les pieds et par les mains : ils respiroient encore.

Dans notre retraite d'Amarante, nous n'avions pas été suivis ; mais lord Beresford avoit remonté la Tamega, pour aller nous couper la retraite à Chaves : il étoit précédé par Silveyra. Si l'un de ces généraux eût passé le Douero, entre Porto et Amamarante, et se fût placé à la hauteur de Penafiel, nous étions séparés du Maréchal, et je crois forcés de mettre bas les armes. Le général Loison le craignit un instant : il fut bien joyeux lorsqu'il rencontra le Maréchal, à deux lieues de Penafiel. C'est là que celui-ci fit abandonner le trésor, détruire les munitions, et enclouer plusieurs canons. Mon régiment formoit l'arrière-garde; il n'arriva à Guimarens qu'après vingt-quatre heures de marche, continuellement assailli par les paysans, qui se glissoient près de la route, et venoient tirer sur nous. Dès qu'un malheureux soldat restoit en arrière, il étoit massacré; ces horreurs étoient punies par d'autres horreurs, de village en village nous allumions l'incendie. Près de Guimarens, deux fantassins malades ne pouvoient plus suivre; l'arrière-garde voulut les faire monter à cheval pour les sauver; ils étoient si accablés de lassitude qu'ils refusèrent : atteints bientôt par les paysans qui nous poursuivoient, ils furent jetés vivans, à nos yeux, au milieu des flammes.

Dès que nous arrivâmes à Guimarens, au lieu de nous diriger sur Braga, que gagnoit en toute hâte lord Vellesley, pour empêcher notre retraite sur le Minho, nous prîmes à droite, nous jetant dans les montagnes qui aboutissent au défilé de Carvalho. Nous passâmes la Cavado, après avoir détruit ce qui nous restoit d'artillerie, en sorte que notre marche ne fut pas retardée.

Le 15, l'armée atteignit Salmonde, et passa la nuit dans les rochers, sans fourrages et sans vivres, par un temps détestable.

Mon régiment fut placé sur le sommet aride de ces montagnes; nous n'avions pas un seul arbre pour attacher nos chevaux: nous attendîmes le jour, les tenant par la longe. Tourmentés par la faim, exposés à une pluie qui tomboit par torrens, nous aurions encore pu nous livrer au sommeil, tant nous étions fatigués, si nos malheureuses montures ne nous avoient pas sans cesse tirés par le bras, en voulant s'échapper pour aller chercher quelque nourriture. Je cédai à ce besoin pressant, et abandonnant mon cheval, je m'endormis sur un rocher très-lisse, placé au-dessous d'un autre dont je reçus toute l'eau, qui coula sous mon dos. Le lendemain, à mon réveil, j'étois mouillé jusqu'aux os; je tressaillis involontairement en apercevant un énorme crapaud, que j'avois eu sous moi la nuit : c'est ma bête d'aversion, et je n'ai jamais pu en surmonter l'horreur. Je retrouvai mon cheval, que, par compassion, je n'osai monter. Au bout d'une lieue de marche, ayant trouvé quelques épis de maïs, je les partageai avec ce compagnon de mes travaux.

A six heures du matin, nous arrivâmes près de Ruivains, à l'embranchement des routes de Chaves et de Monte-Alègre. Nous prîmes cette dernière, donnant le change à l'armée portugaise, qui nous attendoit à Chaves. Le sacrifice que nous avions fait de notre artillerie et du gros bagage, nous rendit possible un trajet de plusieurs lieues dans des montagnes escarpées, et par des sentiers presque impraticables. L'armée entra dans un affreux défilé; deux hommes pouvoient à peine y marcher de front; à droite sont des rochers à pic, et à gauche des précipices dans lesquels la Cavado roule, mugit et disparoît. . . .

De distance en distance des torrens rapides coupoient la route, et de petits ponts très-étroits retardoient notre marche. L'avant-garde chassa du pont de Saltador des paysans occupés à le démolir. Une centaine de montagnards, embusqués dans les rochers, faisoient un feu continuel sur le pont, qui ne pouvoit recevoir qu'un cavalier à la fois. Après avoir passé ce mauvais pas, nous entendîmes quelques coups de canon tirés sur l'arrière-garde, par la tête de colonne des troupes anglaises. Ce passage devint alors funeste à bien des gens; car une terreur panique s'emparant des soldats, la plupart se sauvèrent en jetant leurs armes; beaucoup furent précipités dans le torrent, voulant passer en foule sur le pont; d'autres furent tués par le feu des montagnards, qu'on auroit aisément chassés avec une ou deux compagnies d'infanterie, si on eût pu faire exécuter les ordres;

mais rien ne put faire revenir les soldats de leur frayeur, et les arrêter dans leur fuite. C'est-là que nous perdîmes le reste des bagages que nous avions sauvés de Porto et de Guimarens.

Notre division alla bivouaquer devant le village de Penela. Depuis le 13 il pleuvoit continuellement, et nous n'avions rien à manger : on nous fit passer la nuit sans feu, dans une prairie inondée. Telle étoit notre situation, après toutes les privations que nous venions de supporter ; mais celle du sommeil étoit la plus pénible : nous arrivions tous les soirs à dix heures, pour nous remettre en marche à trois heures du matin ; ce temps si précieux, nous ne pouvions l'employer à dormir : il falloit aller couper du blé ou de l'orge, pour nos chevaux, souvent à une grande distance, et chercher au milieu des champs quelques épis de maïs, que les habitans conservent dans des petits hangars. Dans ce pays de montagnes, qui n'avoit vu de quadrupèdes que quelques chèvres sauvages, nous étions obligés de marcher à pied, conduisant nos chevaux par la bride, les hissant quelquefois pour leur faire franchir un rocher, qui tout-à-coup barroit la route. Nous allions ainsi un à un; la tête d'un régiment étoit sur le sommet d'une haute montagne, tandis que la queue étoit encore au fond d'un ravin. L'armée entière fut obligée de passer par ces chemins. En faisant sauter nos caissons d'artillerie, on avoit donné à chaque fantassin plusieurs paquets de cartouches; mais la pluie, qui tomboit depuis plusieurs jours, les avoit gâtées; en sorte que nous ne pouvions pas tirer un seul coup de fusil.

Le 17, notre division, pour éclairer la marche, gagna le sommet des montagnes qui étoient à notre droite, dans la direction de Chaves. On craignoit toujours que l'armée portugaise, qui étoit sur ce point, ne se portât sur Monte-Alègre, pour nous couper la retraite. Nous voyagâmes toute la journée au milieu des rochers : je crois que rarement la cavalerie a été employée d'une manière aussi extraordinaire.

Nous arrivâmes enfin, avec bien de la

peine, à Monte-Alègre; mais bien joyeux d'y avoir devancé l'armée portugaise. La cavalerie prit position avec l'arrière-garde, et le reste de l'armée déboucha dans la plaine, qui est sur la rive droite de la Cavado : elle s'y mit en bataille, et campa.

La ville de Monte-Alègre est petite et sale; elle est bâtie autour d'un mont qui domine une plaine assez vaste. On aperçoit au-dessus les ruines d'un vieux château. C'est sa position qui a donné le nom à la ville; elle est la clef du Portugal sur ce point : à une lieue delà, on entre en Galice. Dans la nuit du 17 au 18, nous aperçûmes, sur le sommet des montagnes, les feux de l'ennemi; il venoit, mais trop tard, pour nous couper la retraite.

Le 18, l'armée se dirigea vers Orensée, à travers les montagnes. Toute la cavalerie resta en bataille jusqu'à midi, à la vue de Monte-Alègre, derrière la Cavado : nous avions encore 2,000 chevaux, et devant nous une plaine assez étendue; nos soldats brûloient du désir d'atteindre l'ennemi pour se mesurer avec lui; mais celui-ci ne jugea pas prudent de sortir du défilé, jusqu'à notre départ. Un peloton d'arrière-garde laissé sur la rivière, le vit arriver dans Monte-Alègre. Nous entrâmes en Galice par le village de Santjago de Rubias; l'espérance vint renaître dans les cœurs en touchant la terre d'Espagne : on pensa que l'on communiqueroit bientôt avec les autres corps d'armée, et que chacun recevroit des nouvelles de France, dont nous étions privés depuis plus de sept mois.

La pluie continuelle et des routes détestables dans les rochers, avoient détruit la chaussure de l'infanterie; depuis huit jours la plupart des soldats n'avoient vécu que de maïs grillé : aussi un grand nombre d'entre eux étoient morts, ne pouvant résister à toutes ces privations. Plusieurs restoient sur la route avec la certitude d'être assassinés; mais, ne pouvant plus aller, ils n'écoutoient aucune représentation. Le moral de l'infanterie fut très-affecté dans cette retraite, parce que cette arme souffrit beaucoup plus que nous. Le Maréchal ordonna à chaque régiment de cavalerie de prendre

50 fantassins malades, qu'on fit monter sur nos chevaux que nous conduisions en main. Ne voulant pas tomber entre les mains des Anglais, ces malheureux étoient sortis de l'hôpital de Porto malgré leurs blessures, et avoient eu le courage de nous suivre depuis cette ville. Chargés de leur sac, leur fusil placé horizontalement sur le devant de la selle, quelques épis de maïs en sautoir à côté d'une petite peau de bouc vide (1), ils nous auroient, dans ce bizarre équipage, fort divertis en toute autre circonstance; mais leurs visages pâles et défaits et leurs pieds nus et ensanglantés ne nous permettoient d'éprouver alors que le sentiment de la pitié.

Nous arrivâmes, avant le coucher du soleil, sur le haut d'une montagne, d'où nous aperçûmes la belle vallée qu'arrose la Lima. Cette rivière se jette dans la mer, près de

(1) Depuis notre entrée en Espagne chacun s'étoit procuré une petite outre, contenant deux ou trois bouteilles, qu'il ne quittoit pas plus que son sabre.

Viana; elle est célèbre par la limpidité de ses eaux et la richesse de ses bords: plusieurs poètes portugais l'ont chantée. C'est, dit-on, le Léthé des anciens.

Nous établîmes nos bivouacs dans des vergers qui avoisinent le pont de Puente de Lignarès. Une cave, remplie de bon vin, nous tenta plus que les eaux du Léthé, où nos chevaux seuls s'abreuvèrent: je ne sais si elles eurent la vertu de leur faire oublier tout ce qu'ils avoient souffert depuis deux mois.

Le 19 mai, notre avant-garde, formée par le 3e régiment suisse, entra dans Allaris. L'uniforme rouge de cette troupe occasionna une méprise bien singulière: les habitans, à qui on avoit dit que l'armée de Portugal avoit été exterminée, et que les Anglais alloient entrer en Espagne, prirent pour des soldats de cette nation, les Suisses du 3e régiment. Ils s'empressèrent à l'envi de leur apporter des vivres et du vin, les appelant leurs libérateurs, et donnant mille malédictions aux Français. Un d'entre eux, armé d'un fusil, accourut, et, se vantant d'avoir assassiné plusieurs Français, vouloit se mettre à la suite de ce régiment pour marcher contre eux. L'arrivée de notre infanterie fit découvrir l'erreur, et chacun alla cacher sa bravoure pour une meilleure occasion.

Le 20, nous entrâmes dans Orensée, où nous trouvâmes des provisions. Après en avoir chargé nos chevaux, nous allâmes bivouaquer sur la rive droite du Minho, près de Santjago de Las-Caldas.

La cavalerie légère passa une partie de la journée du 21 sur la rive gauche; elle ne vit pas l'ennemi, elle ne fut harcelée que par des paysans. Notre division, en bataille sur les hauteurs de la rive droite, attendit le mouvement rétrograde du général Franceschi, et elle bivouaqua près de Lamas de Aguada.

Le 22, nous passâmes la Lesma. Après avoir marché toute la journée dans les montagnes, nous prîmes position au petit village de Carral.

Ce même jour, notre avant-garde arriva

devant Lugo, bloqué par 18,000 Galiciens, aux ordres du général Mahi. Le général Fournier, qui commandoit dans cette place, n'avoit plus aucun moyen de subsister : nous y fûmes reçus comme des libérateurs ; on étoit d'autant plus étonné de nous voir, que les habitans avoient répandu le bruit que nous avions mis bas les armes en Portugal. Nous apprîmes, dans cette ville, les succès de nos armées d'Allemagne, près de Ratisbonne.

Les troupes de la garnison de Lugo faisoient partie du corps d'armée aux ordres du maréchal Ney, qui étoit en ce moment dans les Asturies, où il avoit été faire une expédition ; il rentra le 30 mai.

Les vainqueurs des Asturies ne nous reçurent pas comme le méritoit le courage malheureux. Nous avions tout perdu, il est vrai, hors l'honneur : nos vêtemens en lambeaux, nos pieds déchirés, nos visages hâves et décharnés attestoient nos longues souffrances. Des propos injurieux sur notre retraite occasionnèrent des rixes entre les soldats; des officiers s'en mêlèrent, et il y eût même plus que de l'aigreur dans l'entrevue des deux Maréchaux.

Ainsi se termina notre campagne de Portugal, que tout concourut à faire échouer. Quoique le maréchal Victor eût battu le général Cuesta à Medellin, il ne put abandonner le pays entre le Tage et la Guadiana, ni communiquer avec notre corps d'armée: livrés à nos propres forces, il avoit été impossible de résister à deux armées anglaises et portugaises, et à la population entière du nord du Portugal.

La surprise de Porto par les Anglais est une faute très-grave, qu'on peut reprocher au maréchal Soult; mais il sut la réparer: sans son habileté, nous aurions renouvelé les journées de Baylen et de Cintra, ou nous aurions péri victimes de la fureur des Portugais.

Les talens et l'activité du général Ricard, chef de l'état-major, ne contribuèrent pas peu au succès de la retraite. Il m'est d'autant plus doux de rendre cette justice à cet officier-général, que c'est parmi mes compatriotes, un de ceux dont le mérite et la bravoure honorent le plus mon pays.

Nos conservâmes nos drapeaux; l'infanterie rapporta ses baïonnettes, et la cavalerie ramena ses chevaux : il étoit impossible de faire mieux en pareille circonstance.

LIVRE TROISIÈME.

L'ARMÉE quitte Lugo, pour entrer en Castille par les hautes montagnes qui la séparent de la Galice. — Dispersion des montagnards sur les bords de la Sil. — Village de Monte-Furado. — Ville de la Rua. — Bivouac devant cette ville, sur les bords de la Sil. — Un torrent submerge nos bivouacs. — Nous rencontrons l'arrière-garde du marquis de la Romana, à Solvieras. — Arrivée à la Puebla de Sanabria, à Benavente, à Zamora. — Assassinat d'un sous-officier français, à Penausende. — Les corps des maréchaux Soult, Ney et Mortier partent de Zamora pour marcher vers Placentia. — Salamanque. — Antiquités romaines. — Voie militaire des Romains. — Ville de Banos, où ce peuple avoit des bains. — Arrivée à Placentia. — Bataille de Talavera. — Combat d'Arzobispo. — Incendie des moissons et des bois qui bordent le Tage. — Nous retournons à Placentia. — Arrivée à Galisteo. — Gardes-magasins. — Coria. — Pillage de cette ville. — Son ancienneté. — Bivouac de Carcaboso. — Les guérillas commencent à s'organiser. — Paresse, ignorance et malpropreté des paysans espagnols. — Leur patience; leur sobriété. — Profusions de nos soldats. — Taureaux célèbres de Guisando. — Bataille d'Ocana.

L'armée, cantonnée aux environs de Lugo, employa huit jours à réparer la chaussure, et à mettre ses armes en état. Manquant d'artillerie et d'effets d'habillement, le maréchal Soult résolut de gagner la Castille jusqu'à Zamora, où il trouveroit de l'artillerie et une forte garnison. Il avoit le double avantage, dans cette position, de recevoir des ordres de Napoléon (depuis sept mois, nous n'avions eu aucune communication avec la France), et de pouvoir se porter promptement au secours du maréchal Ney, si celui-ci étoit attaqué.

Cependant le marquis de la Romana parcouroit la Galice avec 15 à 18 mille hommes. Il occupoit Montforte, ville située au milieu des montagnes que nous devions traverser pour éviter la grande route, dont tous les environs étoient épuisés. Après avoir reçu des cartouches et du biscuit, nous nous dirigeâmes le 4 juin vers Montforte. Nous passâmes la Tamboja à Puerto-Marino, sur un beau pont construit par les Maures : on remarque dans cet endroit des ruines de monumens anciens. La Tamboja prend le nom de Minho, après avoir reçu, à quelques lieues au-dessus d'Orensée, la Sil, la Bibey et la Jares; elle est très-rapide, et n'est pas navigable à cause des rochers qui remplissent son lit.

Nous voyageâmes, pendant la journée du 5, sur des montagnes arides, dans des sentiers rocailleux et si étroits que nous étions forcés de marcher un à un. D'un côté, s'élevoient de grandes masses de rochers inaccessibles, de l'autre s'offroient des précipices où rouloient des torrens grossis par les pluies continuelles qui nous avoient tant incommodés. Nous fîmes halte au coucher du soleil, et nous bivouaquâmes à une lieue de Montforte.

Notre avant-garde y trouva 800 malades du marquis de la Romana; on eut pour eux les égards dus à l'humanité souffrante et malheureuse. Le Maréchal n'ayant pu joindre le Général espagnol, envoya des reconnoissances vers S. Estevan, qui rapportèrent que l'ennemi avoit gagné Orensée. Le quartier-général s'établit à Montforte (1).

Cette ville est dans une situation agréable: elle est dominée par un antique château, dont l'intérieur est d'une grande magnificence; la Cabo coule sous les murs de Montforte, et fertilise une vallée qui produit de beaux fruits et les plus riches moissons. Au pied des montagnes, dont elle est entourée, croissent des vignes qui donnent le meilleur vin de la province.

Le Maréchal voulant nous donner quelques jours de repos, répartit son infanterie

---

(1) Quelques auteurs prétendent que cette ville a été fondée par des Grecs fugitifs, plusieurs siècles avant Jésus-Christ, et que ses habitans ont conservé de leurs ancêtres beaucoup de finesse et de vivacité d'esprit.

dans la ville et dans les villages sur la route de Lugo; il plaça la cavalerie en avant sur la route d'Orensée. Nos soldats, privés de vin depuis plusieurs jours, célèbrèrent, par des chants, la vue de ces riches coteaux couverts de vignes; ils s'écrioient: *Enfin, voilà du bois tortu, nous remplirons nos peaux de bouc.*

Le bivouac de mon régiment fut placé devant le village de Moreda, dans une plantation d'oliviers et sur les bords d'un petit ruisseau. De l'intérieur de nos baraques, nous apercevions la belle vallée de la Cabo, Montforte et les hautes tours de son château; le paysage étoit terminé par des montagnes arides et des rochers escarpés, qui contrastoient de la manière la plus piquante avec la fertilité de la plaine.

Mais si nous trouvions quelquefois en Espagne une riante nature, hélas! nous n'y rencontrions jamais un ami!..... Les deux sexes étoient animés du même esprit de vengeance; par-tout où il existoit un espagnol, nous avions un ennemi implacable. Toute la population de la ville et des environs s'étoit enfuie à notre approche; il ne restoit que quelques vieillards infirmes. Un grand nombre de ceux qui étoient en état de porter les armes avoient été grossir l'armée du marquis de la Romana; les autres, avec les femmes et les enfans, s'étoient cachés dans les rochers, et massacroient tous les soldats qui s'écartoient du camp. L'armée en perdit beaucoup pendant les cinq jours de repos qu'elle eut dans cette position.

Le 11, nous continuâmes notre route vers Villa-Franca, pour marcher sur divers rassemblemens de paysans armés qui occupoient le pays : nous traversâmes la Lor sur un beau pont d'une seule arche à Puente de Lor. A peu de distance delà, près du val de Quiroya, notre avant-garde trouva un fort parti espagnol, qu'elle chargea et dispersa. Nous arrivâmes bientôt sur une haute chaîne de montagnes; nous la suivîmes jusqu'au point où elle en rencontre une autre qui sépare la Galice de la Castille, en sorte que nous ne pouvions pas espérer de voir de plusieurs jours un pays propre à la cavalerie. Tantôt sur le sommet de ces montagnes, nous apercevions la rivière de Sil rouler à plus de cinq cents pieds au-dessous de nous; tantôt, longeant cette rivière, la queue de notre colonne sembloit sortir de la nue. Les Galiciens, embusqués dans les rochers qui bordoient la route, faisoient un feu continuel. Dès qu'un cheval étoit tué, toute la colonne étoit obligée de s'arrêter pour débarrasser le sentier étroit qu'il obstruoit; alors les coups de fusil redoubloient, et les montagnards, devenus plus audacieux par notre embarras, s"approchoient en poussant de grands cris, et essayoient de nous fermer le chemin.

Une centaine de ces insurgés occupoient sur la rive gauche de la Sil, en face de Saint-Martin de Quiroya, une hauteur qui dominoit le seul chemin que nous pussions suivre sur la rive droite. La rivière, quoique très-étroite, n'est pourtant pas guéable en cet endroit, en sorte que l'armée, obligée de défiler sous leur feu, souffrit beaucoup; le nôtre ne pouvoit les atteindre derrière un retranchement qu'ils avoient élevé à la hâte. Le Maréchal ordonna au général Loison de se porter en avant avec quelques compagnies d'infanterie, afin de passer la rivière plus haut, et de tirer vengeance de ces ennemis acharnés. Ce Général s'acquitta de sa mission avec une sévérité qui justifia la terreur qu'il inspiroit aux Espagnols. San-Clodio, Castro de Caldelar et plusieurs hameaux furent livrés aux flammes: un poteau, dressé à l'entrée de chaque village, indiquoit que cet incendie étoit une juste punition et du massacre que les habitans avoient fait trois mois auparavant d'un escadron de chasseurs, et de leur indigne conduite envers l'armée, lors de son passage dans le défilé de S. Martin.

Les vallées qu'arrose la Sil sont charmantes et ressemblent à un jardin bien cultivé. L'olivier, l'oranger, le citronnier, et des arbres fruitiers de toute espèce, plantés avec art, bordent de vastes vignobles, au milieu desquels jaunissent les plus belles moissons. Les ceps de vigne sont taillés à hauteur d'homme; les sillons sont assez larges pour recevoir du blé ou du seigle, en sorte que l'on voit réunies dans un très-petit espace les plus riches productions de la nature. Les montagnes qui longent ces vallées sont stériles, et ne produisent que des bruyères et quelques chênes verts.

Il existe, dans cette contrée, une grande quantité d'aigles et de vautours, qui établissent leur nid sur le sommet des rochers les plus élevés. Nous en vîmes se disputant des lambeaux de chair humaine, ne quitter leur proie et ne s'envoler que lorsque nous étions à quelques pas d'eux : la division qui nous précédoit ayant eu la veille un engagement avec les paysans, les cadavres épars dans la campagne fournissoient une ample pâture à ces animaux carnassiers.

Notre division arriva, le 12 juin, devant S. Michel de Montefurado; ce village prend son nom d'une montagne percée pour donner passage à la Sil. L'ouverture dans laquelle entre la rivière, a la forme d'une arche d'environ quarante-cinq pieds de diamètre. Quoique la profondeur de la voûte soit de cent-vingt pieds, on aperçoit le jour de l'une à l'autre extrémité. La Sil, resserrée en cet endroit, y coule avec beaucoup de rapidité; elle forme, en sortant, une belle nappe d'eau dans un lit très-large. Ce travail immense, où l'art a vaincu la nature, est, dit-on, l'ouvrage des Romains: ils l'entreprirent pour diriger la Sil dans l'intérieur d'une mine, d'où ils tiroient de l'or. Ils avoient aussi des fabriques d'armes sur cette rivière, dont l'eau est excellente pour la trempe.

Le Maréchal, ayant appris qu'il existoit sur différens points des rassemblemens de paysans, résolut de les détruire. Il fit plusieurs détachemens de son armée. La division Laborde et la deuxième brigade de la quatrième division de dragons furent chargées de soumettre le val de Orres, et arrivèrent devant la petite ville de la Rua. Elles y restèrent huit jours, pendant lesquels elles firent des excursions contre les insurgés. La ville et les environs étoient entièrement abandonnés par les habitans; ils s'étoient réunis à la troupe du curé de Casoyo, qui avoit le titre de Général, près de 4,000 hommes sous ses ordres. Le reste de la cavalerie et les deux autres divisions d'infanterie parcouroient en même temps tout le pays en divers sens, pour obtenir le même résultat: on atteignit quelques bandes, qui se dispersant dans les montagnes, alloient se rallier plus loin; en sorte que le but ne fut pas rempli.

De grands marronniers formoient, près de la Sil, une belle promenade: c'est sous leur ombrage que nous établîmes nos bivouacs. Ils furent bientôt meublés de ce que les habitans avoient laissé dans leurs maisons. Les soldats, poussés par un instinct de désordre et de pillage, apportoient dans le camp, même les objets qui ne pouvoient leur être d'aucune utilité. Souvent ils transformoient des habitations passagères en demeures quelquefois plus commodes, et toujours plus propres que celles qu'ils venoient de dépouiller. A côté de peaux de bouc pleines de vin, d'un amas de comestibles de toute espèce, et de fourrage pour nos chevaux, on apercevoit des guitarres, des livres, des tableaux et des portes enlevées aux maisons; dans un autre endroit, on voyoit confusément rassemblés des vêtemens d'hommes, de femmes et de moines, dont s'habilloient, de la manière la plus grotesque, nos soldats égayés par le bon vin de la Rua. Les uns construisoient en planches des baraques d'une grande solidité; les autres faisoient des cabanes en paille, qu'ils couvroient avec des draps de lit ou des étoffes de diverses couleurs. Les plus paresseux rouloient de grands tonneaux, où ils se plaçoient trois ou quatre. J'ai remarqué que les soldats, en établissant leurs différens abris, ne négligeoient jamais la précaution de s'orienter, afin de placer l'ouverture de leur baraque au nord en été et au midi en hiver.

La Rua est située dans une étroite vallée entourée de montagnes. Dès qu'il pleut, l'eau qui en découle forme plusieurs torrens. Il arriva qu'une nuit, lorsque tout le camp dormoit, nous fûmes tout à coup presque submergés; plusieurs de nos baraques emportées, et nos provisions dispersées. On se réveille en sursaut, mouillé, et cherchant d'où vient cette mésaventure; cependant on revient de cette première surprise : en un instant plus de mille torches de paille sont allumées, et c'étoit un singulier spectacle que de voir chacun à la quête de ses effets entraînés pêle-mêle par le torrent. Le jour nous montra que le mal n'étoit pas si grand que nous l'avions pensé d'abord; mais, pour ne plus nous exposer à de pareilles alertes, nous plaçâmes nos bivouacs dans un lieu plus élevé.

Après une station de six jours, l'armée se mit en marche et passa la Sil au pont de Cigarosa (1), se dirigeant sur Bollo, par Porto-Morico, où elle traversa la Jarres. Notre brigade se porta vers la petite ville de Nostra-Senora de las Hermitas, renommée par ses pélerinages, et nous dispersâmes sur la route plusieurs attroupemens. Arrivés devant Viana, on apprit que le marquis de la Romana y étoit attendu avec

(1) Le pont de Cigarosa est remarquable par sa structure singulière; il a cinq arches, toutes de diverses grandeurs et d'une forme différente : presque toujours la Sil ne passe que sous deux.

un renfort d'Anglais et de Portugais, et qu'il étoit à la Gudina.

Viana est située sur une hauteur, et paroît avoir été fortifiée, car on y aperçoit des ruines de murailles et une grande tour carrée; au bas de la colline, où elle est bâtie, coule la Bibey, formée par la jonction des deux petites rivières de Fragoso et de Camba.

Notre division marcha sur le bourg de la Gudina; elle étoit précédée de la cavalerie légère aux ordres du général Franceschi, qui eut un engagement assez vif avec un parti espagnol, près du village de Solvieras. Quelques prisonniers nous apprirent que M. de la Romana se retiroit sur Monterey, et qu'un corps de 4,000 hommes, commandé par Chavarria, qui ne vouloit pas entrer en Galice, se retiroit en Castille, par Porto.

L'arrière-garde ennemie avoit déjà évacué Caniso et la Gudina, lorsque nous y arrivâmes; nous n'y trouvâmes pas même d'habitans. Ces deux bourgs sont d'ailleurs très-misérables; toutes les maisons sont construites en terre et couvertes de paille. L'intention du maréchal Soult n'étant pas de suivre en Galice le Général espagnol, il continua sa route sur Zamora, pour lier ses opérations à celles du maréchal Victor qui couvroit Madrid.

Nous étions parvenus sur le sommet des plus hautes montagnes de la Galice, et les sources que nous avions trouvées jusqu'alors se jetoient dans le Minho; mais, lorsque nous commençâmes à descendre le côté des montagnes qui regarde la Castille, nous vîmes toutes les eaux porter leur tribut au Douero. Nous traversâmes un petit ruisseau qui sort d'un rocher; c'est l'origine du Tuelo, qui coule en Portugal.

Le 23 juin, l'horizon étoit plus étendu et les montagnes paroissoient s'abaisser; cependant nous ne pouvions pas voir au-delà de deux ou trois lieues. Après avoir passé le col de Lubian, l'armée prit position près du village de ce nom. Différentes parties de ces montagnes prennent le nom des villages voisins. Nous traversâmes successivement ceux de Chanos, de Villa-vieja, etc., bâtis dans des gorges fertiles, arrosées par des torrens d'eau vive. Comme nous étions près du Portugal, plusieurs de nos soldats allèrent marauder sur les frontières de ce royaume. Chavarria ayant appris que nous marchions dans sa direction, et craignant d'être atteint, dispersa sa troupe, dont plusieurs partis tombèrent entre nos mains.

Le 24 juin, l'armée entra en Castille, descendit dans une riche plaine couverte de moissons et arrosée par la Tera et la Sancas; ces rivières baignent les murs de la Puebla de Senabria (1), qui s'élève sur une hauteur dominant toute la vallée. On y remarque deux beaux ponts; au nord on voit les restes d'un vieux fort, et au midi un château bâti en pierres de taille, flanqué de quatre tours, et bien conservé : les

---

(1) La Puebla de Senabria est assez bien fortifiée. Cette place fut prise par les Portugais en 1710, et ils la gardèrent jusques en 1713, qu'ils la rendirent à l'Espagne, par le traité d'Utrecht.

Espagnols y avoient laissé douze pièces de gros calibre qu'ils avoient enclouées.

La partie montagneuse de la Galice, que nous venions de parcourir, étant très-stérile, et les paysans ayant enlevé ce qui restoit dans leurs habitations, le Maréchal, arrivé dans un pays fertile, voulut profiter des ressources qu'il offroit, en donnant un repos de trois jours. Nous trouvâmes effectivement dans les villages aux environs de la Puebla une quantité immense de farine, dont nous fîmes du pain et du biscuit pour quinze jours : il est nécessaire de remarquer que les rivières se desséchant pendant l'été, et les moulins à vent étant inconnus dans cette partie de l'Espagne, les habitans font moudre leurs grains pour six mois.

L'armée leva le camp le 27 juin, et se dirigea vers Zamora, par Benavente, où il falloit passer l'Esla. Notre division, formant l'avant-garde, bivouaqua dans un bois éloigné de toute habitation, en vue du bourg de Maubey.

Déjà le pays étoit plus uni et moins désert, les habitans ne s'enfuyoient plus à notre approche : on voyoit aisément que nous quittions les montagnes. Nous passâmes la Tera à gué, près de Mansanal; cette rivière fait tant de circuits que, marchant dans la même direction, nous la passâmes trois fois en deux jours.

Le 29, nous aperçûmes Benavente et son vaste château : nous le saluâmes par des cris d'allégresse; notre joie étoit bien vive, nous allions retrouver des Français après une si longue absence (car nous ne pouvions compter les huit jours passés devant Lugo, en proie aux privations de toute espèce, et mal reçus du sixième corps); enfin nous pouvions espérer une abondance qui nous étoit inconnue depuis long-temps; la cavalerie traversa l'Orbigo à gué et bivouaqua dans le parc de la duchesse de Benavente. L'armée ne passa qu'une nuit à Benavente; mais elle n'eut qu'à se louer de la garnison, qui nous traita comme des frères.

Le lendemain on passa l'Esla, et on prit la route de Zamora. L'infanterie y fut envoyée; la cavalerie occupa la plaine et borda le Douero; la deuxième brigade de notre division fut chargée de garder le pays entre Benavente et Zamora.

Le bivouac de mon régiment fut établi près de l'abbaye de Mauronella; ce monastère est situé dans une austère solitude, au milieu d'un bois de chênes verts, qui se prolonge jusqu'à l'Esla. L'intérieur dédommage bien ses habitans de la privation de la société; il offre toutes les commodités de la vie, et trente-six moines y consomment, dans une pieuse indolence, de riches revenus : son origine remonte au 8e siècle. L'église, d'une architecture gothique, est très-riche; on y remarque les tombeaux d'un roi de Portugal et de sa femme, qui ont doté ce couvent.

Nous aurions pu loger, ou du moins mettre à l'abri, 300 hommes sous les hangars de ce vaste édifice; mais notre général de brigade trouva plus à propos d'habiter seul le couvent, et de nous laisser exposés aux rayons du soleil sous un ciel brûlant. Ce n'étoit certainement pas par un motif d'humanité pour les moines.

Le terrain sur lequel nous campions

étoit sec, pierreux, et les arbres n'offroient presque pas d'ombrage; en sorte que nous éprouvions pendant le jour une chaleur insupportable, nous avions beaucoup de peine à nous garantir la nuit d'un froid très-piquant, de la rosée, et des brouillards qui s'élevoient des bords de l'Esla. Nous restâmes ainsi quatre jours sans un brin de paille pour nous coucher. Cet endroit étoit plein de scorpions : en nous levant nous en trouvions sur nos manteaux et sur nos vêtemens; il paroît qu'ils ne sont pas malfaisans, car il n'arriva aucun accident.

Le Maréchal trouva de l'artillerie et de l'argent à Zamora; il s'occupa de faire réparer les armes et l'habillement, afin d'être en état de marcher au premier ordre. Ainsi se passa une partie du mois de juillet.

On cantonna la cavalerie dans les villages qui avoisinent l'Esla; celui de Pakarès nous échut en partage. Pour la première fois, depuis bien long-temps, nous logeâmes dans des maisons, et nous pûmes nous débotter. La plupart des habitans étoient restés; ils sont moins sauvages que ceux des montagnes qui, ayant la facilité de nous nuire et d'échapper à nos coups, ne se montroient que pour combattre. En général, les inclinations guerrières distinguent le montagnard, tandis que les vertus paisibles caractérisent l'habitant des plaines, qui sent qu'on peut facilement le soumettre.

Zamora (1) est une jolie ville située dans une plaine fertile en grains; on n'aperçoit, à une très-grande distance, ni villages ni habitations. Le Douero baigne ses murs, et on le passe sur un beau pont, où s'élèvent deux tours, qui en défendent l'approche. Zamora est bien bâtie, renferme de beaux édifices et un grand nombre de cou-

(1) L'origine de Zamora est incertaine. Son nom qui est arabe, vient, dit-on, de la quantité de turquoises qu'on trouvoit aux environs; elle est entourée de bonnes murailles flanquées de tours. Alphonse-le-Catholique la prit sur les Maures, en 748; mais elle fut reprise et presque détruite par Almanzor, roi maure de Cordoue, en 985; elle ne fut repeuplée qu'en 1053, par Ferdinand Ier; enfin, Alphonse VIII, roi de Castille, l'embellit par la construction de plusieurs bâtimens.

vens des deux sexes. Il y a une école militaire pour le génie et l'artillerie qui est en grande réputation. Avant d'entrer à Zamora, sur la route de Benavente, on aperçoit, dans le vestibule d'une petite chapelle consacrée à la Vierge, la peau d'un monstrueux serpent, tué dans le dernier siècle au pied des montagnes près du Douero.

Le 20 juillet, je reçus une mission pour Toro: je ne pus m'y rendre par la route directe, qui n'étoit pas sûre à cause des nombreux partis qui infestoient la province; je passai par Zamora: avant notre arrivée, la garnison de cette ville avoit été quelquefois contrainte de s'enfermer dans le château, parce que des rassemblemens de paysans, connus depuis sous le nom de Guerillas, venoient l'insulter jusque dans les rues. On avoit établi un poste de correspondance entre Zamora et Toro, pour protéger nos courriers: j'arrivai sans mésaventure à ma destination. La ville de Toro (1) est dans

(1) La ville de Toro existoit déjà sous les Romains: elle est le *Sarabris* ou le *Octodurum* du pays des

une agréable position sur une hauteur de la rive droite du Douero. Ce fleuve coule en cet endroit dans un lit très-large, et on le passe sur un pont de vingt-deux arches; il n'est remarquable que par sa longueur.

Je regagnai Zamora le lendemain; j'y rencontrai mon régiment, qui traversoit le Douero pour se porter vers Ledesma sur la Tormes. Il prit ses bivouacs à Pennausende, petit village au milieu des rochers, quoique dans une plaine. On y trouve les ruines d'un château maure.

Vaccéens. On y trouve encore quelques ruines romaines. Elle fut détruite par les Maures, et rétablie ensuite par don Garcias, fils d'Alphonse III, roi de Léon, en 904.

Elle est célèbre par la bataille qui s'y donna entre les rois de Castille, Ferdinand et Isabelle, et le roi de Portugal, Alphonse V, en 1476. C'est aussi dans cette ville que Henri III, roi de Castille, rendit l'ordonnance qui enjoignoit aux Juifs et aux Maures de ne paroître en public qu'avec une distinction particulière; les premiers portoient sur l'épaule droite, un morceau de drap rouge, large de trois doigts; les autres, un croissant en drap bleu, à la même place.

Quinze jours avant notre arrivée, un détachement de cavalerie légère du corps d'armée ayant poussé une reconnoissance en avant de Penausende, avoit perdu un maréchal-des-logis à une lieue du village. Ce sous-officier, resté en arrière de sa troupe, avoit été assassiné par trois paysans, dépouillé entièrement, et son corps mutilé de la manière la plus inhumaine. Le soupçon planoit sur trois jeunes gens de Penausende, de fort mauvaises mœurs. Un d'entre eux s'échappa dès qu'il apprit que l'autorité militaire vouloit faire des poursuites. Les deux autres furent arrêtés, avouèrent leur crime, et indiquèrent le lieu où ils avoient déposé leur victime. On trouva le corps caché dans des bruyères derrière un rocher; ce n'étoit plus qu'une masse informe, pleine de vers, et exhalant une odeur insupportable. Les alcades contraignirent les coupables à le déposer sur une voiture, en le portant dans leurs bras, et à rester à ses côtés, le soutetant tout le temps du trajet jusqu'au village. Ils arrivèrent ainsi à l'église, pleine d'habitans; là le curé fit un sermon très-touchant pour montrer l'horreur et la lâcheté d'une telle action. Après les prières des morts, les assassins ensevelirent de leurs mains ces restes que la putréfaction avoit divisés, et placèrent la pierre du tombeau sur leur victime.

Je n'ai rien vu de plus affreux que cette punition, la mort même semble moins terrible.

Les deux coupables furent fusillés trois jours après; ils donnèrent des marques d'un sincère repentir, et moururent en chrétiens.

Le 25 juillet, nous fîmes une reconnoissance dans la direction de Ciudad-Rodrigo, qu'occupoit le duc del Parque avec 20,000 hommes. Notre avant-garde culbuta, à Ledesma, 200 cavaliers espagnols qui gardoient ce point.

Cependant, l'armée anglaise, commandée par sir Arthur Wellesley, avec celle de Cuesta, étoit aux environs de Talavera, au centre de l'Espagne, tandis que Venegas, avec 20,000 hommes, menaçoit Tolède. Leur but étoit de s'emparer de Madrid, et de forcer le roi Joseph à livrer bataille. Celui-ci ayant concentré les corps du maréchal Victor et du général Sébastiani, marcha avec sa garde, rencontra et battit, à Torrijos, le 26 juillet, le corps de Cuesta, qui s'étoit porté en avant, après avoir laissé l'armée anglaise derrière l'Alberche, près de Talavera. Les Français poursuivirent leurs succès; le Général espagnol fut rejeté sur l'Alberche, et, le 27, les deux armées furent en présence. On se disposa de part et d'autre à une grande bataille; elle se donna le 28, devant Talavera, qui formoit le centre de l'armée anglo-espagnole. Son aile droite étoit appuyée au Tage, et sa gauche à un mamelon, qui se lioit à une chaîne de montagnes très-élévées; un vaste champ d'oliviers garni d'infanterie, des coupures, des palissades, et des pièces d'un gros calibre couvroient le front de l'armée ennemie. Les Français attaquèrent avec leur courage ordinaire, ils firent des prodiges de valeur; mais il n'y eut ni ensemble, ni liaison dans les opérations; on voulut faire emporter par un régiment des positions hérissées d'artillerie, et défendues par plusieurs divisions. Nous perdîmes beaucoup de monde dans des attaques successives, si mal combinées qu'elles n'eurent aucun résultat. Notre perte fut plus considérable que celle de l'ennemi, et l'armée française repassa l'Alberche.

Mais le maréchal Soult n'avoit reçu que le 27 juillet, à Zamora, l'ordre de se porter sur Placentia avec les corps des maréchaux Ney et Mortier, afin de couper la retraite de l'armée ennemie, qui s'étoit menagé, sur le Tage, les ponts d'Almaraz et d'Arzobispo. Si le roi Joseph n'eût pas été si pressé de livrer bataille, et qu'il eût donné le temps au maréchal Soult de déboucher des montagnes, et de prendre l'ennemi en queue, non-seulement il n'auroit pas été battu à Talavera, mais encore l'armée anglo-espagnole eût couru de grands risques. Nous arrivâmes trop tard, l'armée anglaise venoit de passer le fleuve à Arzobispo, et Cuesta l'avoit suivie.

Cependant, à la réception des ordres de Joseph, le maréchal Soult avoit levé ses cantonnemens, et réuni son armée à Salamanque ; notre division y arriva le 2.

Cette ville est bâtie sur la rive droite de la Tormes, dans une agréable position; elle est très-ancienne, et célèbre par son université. Le bâtiment où sont rassemblés les nombreux étudians qui viennent de toutes les parties de l'Espagne, est d'une étendue immense et d'un bon goût. La cathédrale est remarquable par son architecture gothique. Le portail excite la curiosité des amateurs par la beauté et le fini de ses bas-reliefs. Autour de la ville, règne une belle promenade d'ormes, ce qui est très-rare en ce pays; elle conduit à la Tormes, qu'on passe sur un pont de vingt-sept arches, construit par les Romains sous Trajan; il est bien conservé. La Plaza-Mayor passe pour une des plus belles places du royaume : elle est de forme carrée, entourée d'un portique qui présente quatre-vingt-dix arcades. Les édifices qui l'entourent sont très-régulièrement bâtis, tous à la même hauteur, et ornés de balcons; on y voit les bustes des rois de Castille et de plusieurs grands Capitaines espagnols.

Le 29, l'armée se mit en marche : le corps du maréchal Mortier faisoit l'avant-garde, et notre division y fut attachée; venoit ensuite le deuxième corps, et après lui le sixième, commandé par le maréchal Ney. Après avoir passé la Tormes, nous voyageâmes environ deux lieues sur une belle route, qui étoit la voie militaire des Romains, de Salamanque à Merida; on voit encore en plusieurs endroits, épars çà et là, des débris de colonnes miliaires, de frises et de chapiteaux. Nous entrâmes bientôt dans les montagnes qui séparent l'Estramadure de cette partie du royaume de Léon, et qui sont un prolongement de Puerto del Pico, de Guadarama, de Fuenfria et de Somo-Sierra : le pays est stérile, les villages sont peu nombreux, tous les habitans sous les armes gardoient les défilés et couronnoient les hauteurs.

Dans le village de Val de Fuente, où notre division de dragons bivouaqua le 30, on découvrit les cadavres de dix fantassins, cachés sous la paille : ils avoient été assassinés le même jour, lorsqu'un bataillon d'avant-garde avoit fait halte en ce lieu. On crut nécessaire de faire un exemple en brûlant le village; mais de pareils actes de sévérité exaspéroient d'autant plus les esprits qu'ils tomboient souvent sur des innocens, et ils nous suscitoient de nouveaux ennemis.

Le 31 juillet nous traversâmes Candelario et la petite ville de Banos (1), située dans un défilé auquel elle a donné son nom. Les Romains y avoient des bains d'eaux

(1) Banos est à peu près situé sur le point de division qui sépare l'Estramadure de la Castille. Plusieurs ont pensé que cette ville étoit le *Vicus Cecilius* des Romains; elle est bâtie sur l'ancienne voie militaire, et on trouve souvent sur la route des portions de colonnes miliaires qui portent des inscriptions presque toutes effacées; on peut lire encore sur une pierre qu'on trouve sur la hauteur, avant d'arriver à Banos, le nombre CXXXI, qui devoit indiquer, sans doute, la distance de cette ville à Merida.

minérales très-renommées, dont il reste quelques vestiges.

Trois bataillons de milices espagnoles avoient d'abord voulu s'opposer à notre passage; mais ils s'enfuirent aux premiers coups de fusil. Mon régiment bivouaqua devant Ervas, petite ville aux pieds de montagnes inaccessibles, dont le sommet est toujours couvert de neige. Toutes les habitations étoient vides; deux vieillards seulement étoient restés au milieu de cette solitude. D'après l'idée qu'ils se faisoient de nous, ils avoient cru se livrer à une mort certaine; mais leur grand âge rendoit moins douloureux le sacrifice de la vie, que l'abandon de leurs foyers.

Vers le commencement du 16ᵉ siècle, on découvrit, dit-on, dans ces montagnes, des peuplades restées inconnues jusqu'alors; leur langage, leurs mœurs et leurs usages ne ressembloient en rien à ceux de leurs voisins, avec lesquels ils étoient restés sans aucune communication pendant plusieurs siècles : ce ne fut pas sans peine qu'on les assujettit aux lois et aux coutumes du royaume. On prétend qu'ils conservent encore quelque chose de leur caractère sauvage et de leur éloignement pour la vie sociale : on les appelle *Battuecas*. Je ne citerai aucun des faits merveilleux qu'on m'a rapportés sur ces habitans, parce que je les crois dénués de toute vérité.

Le 1er août, au point du jour, nous étions sur le sommet des montagnes qui séparent les deux provinces; nous descendîmes vers l'Estramadure, et notre avant-garde n'arriva que tard à Placentia.

Nos bivouacs furent placés dans un champ d'oliviers, sur les bords de la Xerte; nous ne trouvâmes pas d'habitans dans la ville, qui est cependant l'une des plus considérables de la province : les enfans, les femmes et les vieillards, tout avoit fui dans les rochers; mais les hommes avoient été grossir l'armée de Cuesta. Le silence qui régnoit dans cette ville abandonnée, n'étoit troublé que par les cris de quelques soldats égarés qui retournoient au camp. On trouva dans plusieurs maisons une proclamation du Corrégidor, adressée aux

Alcades de sa juridiction, qui enjoignoit, par ordre de la Junte et de Cuesta, à tous les Espagnols de quatorze à soixante ans de se lever en masse : ils devoient, en quittant leurs villages, prendre le nom de *Croisés*, et rejoindre l'armée avec un drapeau noir au milieu duquel étoit une croix rouge; cette guerre, ajoutoit-il, étoit déclarée guerre de religion, et obtiendroit les mêmes indulgences que celles de la Terre-Sainte. C'est avec de pareils moyens qu'on agissoit sur l'imagination d'un peuple que le climat rend déjà si susceptible d'exaltation, et qu'on a fait de cette guerre une guerre vraiment nationale.

Les Anglais en quittant Placentia pour se porter sur Talavera, y avoient laissé 400 malades; ils furent traités avec beaucoup d'égards.

Le 2 août, le deuxième corps étant arrivé, il remplaça à Placentia les troupes aux ordres du maréchal Mortier, qui allèrent s'établir à Malpartida de Placentia, à deux lieues en avant sur la route de Talavera.

Le lendemain nous marchâmes vers le pont d'Arzobispo, nous passâmes le Tietar à gué, et notre division de cavalerie prit position près du village de Torril, dont il n'existoit plus qu'une seule maison. Ce lieu et les environs offroient l'image de la dévastation la plus complète; les grains avoient été foulés aux pieds, les arbres coupés, les maisons démolies et l'église brûlée; on ne voyoit pas un seul habitant, et il étoit impossible de se procurer quelques alimens ; pour comble d'infortune, par un temps si chaud et dans une plaine sans arbre, on ne trouvoit d'eau que dans un seul puits plein d'immondices et de cadavres.

Les reconnoissances envoyées le 4 sur l'Arzobispo, rapportèrent que l'arrière-garde ennemi passoit le Tage; on lui auroit fait beaucoup de mal si nos trois corps d'armée eussent été réunis; mais forcés de marcher en colonnes dans les défilés des monts Grédos, il eût fallu plus de deux jours pour concentrer nos forces, en sorte qu'on ne put rien entreprendre; et l'armée anglo-espagnole ne fut pas troublée dans sa retraite. Cependant notre division se porta en avant sur Naval-Moral, gros bourg à l'embranchement des routes de Madrid, de Lisbonne et de Placentia, qu'il étoit important d'occuper. Quelques habitans qui étoient restés à Naval-Moral s'enfuirent à notre arrivée.

Le 5 et le 6, nous eûmes quelques engagemens avec la cavalerie espagnole qui faisoit l'arrière-garde, elle fut poursuivie jusques sous les murs d'Arzobispo, et nous reçûmes quelques volées de canon, des pièces qui étoient en batterie sur la rive gauche du Tage.

Le 7, nous fîmes jonction avec le duc de Bellune, qui s'étoit avancé de Talavera sur Oropeza. L'armée anglaise, qui la première avoit passé le Tage, occupoit Deleytosa et Messa de Ibor, tandis que les troupes espagnoles de Cuesta bordoient ce fleuve en face d'Arzobispo. Si le pont d'Almaraz n'avoit pas été détruit, et que le maréchal Ney eût pu passer le Tage sur ce point, pendant que nous aurions forcé le pont d'Arzobispo, les armées ennemies étoient fort compromises. Le maréchal

Soult décida que Cuesta seroit attaqué le lendemain par le maréchal Mortier, et qu'on choisiroit l'heure de la plus forte chaleur du jour, pendant que les Espagnols font la sieste. Il fit reconnoître un gué au-dessus du pont d'Arzobispo : l'accès en étoit difficile, le bord avoit, en cet endroit, trois pieds d'escarpement, et on ne pouvoit pas descendre, il falloit se jeter dans le fleuve. Plusieurs batteries ennemies, pointées dans cette direction, en défendoient l'approche, et le pont étoit inabordable, par la quantité d'infanterie placée sur une haute tour qui en ferme l'entrée.

Le 8 août, à deux heures après midi, les corps des ducs de Trévise et de Dalmatie, placés derrière une colline qui les garantissoit en partie du feu de l'ennemi, s'ébranlèrent et marchèrent en colonnes d'attaque; une division du cinquième corps occupa une plantation d'oliviers touchant au faubourg d'Arzobispo; une autre s'échelonna sur la grande route, et une brigade fut placée derrière la cavalerie qui se formoit en face du gué. Les troupes aux ordres du duc de Dalmatie, couronnèrent alors toutes les hauteurs de la rive droite. La cavalerie devoit passer à gué, pour prendre l'ennemi en flanc, et se charger de quelques sapeurs, qui, se dirigeant vers le pont, enlevèroient les barricades et ouvriroient un chemin à l'infanterie.

On voyoit réunis, sur le même point, douze régimens de cavalerie, dont quatre de troupes légères; le 18e et le 19e régimens de dragons réclamèrent la faveur de passer les premiers : ils l'obtinrent. Notre Général, après une courte harangue, moins pour stimuler notre courage, que pour nous pénétrer de l'honneur qu'on nous faisoit, se jette dans le Tage; le 18e suivit son exemple. Cependant les chevaux marchoient avec peine sur un sable mouvant, au milieu d'un courant rapide, et la mitraille faisoit de grands ravages; on ne pouvoit aborder sur la rive opposée que trois de front, en sorte qu'un ennemi plus aguerri auroit pu aisément nous arrêter. Dès que les cinquante premiers dragons furent formés sur la rive gauche, ils s'élancèrent sur les batteries, entrèrent dans les redoutes, et s'en emparèrent. Un grand nombre de canonniers espagnols furent tués sur leurs pièces, d'autres furent contraints de les pointer sur leurs camarades en fuite. L'infanterie ennemie, forte de 8 à 9,000 hommes, chercha vainement à se mettre en ordre de bataille : les 18e et 19e de dragons, déjà passés, la chargèrent avec impétuosité, et l'enfoncèrent de toutes parts. Un régiment de hussards espagnols sembla vouloir rétablir le combat, et se présenta devant nos escadrons désunis : le moment étoit favorable pour nous faire repentir de notre témérité ; mais il ne sut pas en profiter, il fit demi-tour à portée de pistolet. Pendant ce temps, les sapeurs que nous avions passés sur nos chevaux avoient descendu le fleuve et gagné le pont, enlevé les palissades et les chevaux de frise qui le défendoient, et ouvert un passage à l'infanterie du général Girard. Comme nous poursuivions l'épée dans les reins le régiment de hussards qui fuyoit devant nous, on aperçut une nombreuse cavalerie déboucher du village d'Azutan, éloigné d'une petite lieue du champ de bataille. C'étoit le duc d'Albuquerque avec 4,000 cavaliers d'élite, carabiniers et gardes-du-corps, qui venoit porter secours à l'infanterie. Sa marche fut si rapide, qu'en un instant il se trouva en face de nous, et il se forma sur trois lignes, et chacune de ses ailes débordoit de plus de cent toises nos deux foibles régimens. Les Espagnols poussèrent de grands cris, sonnèrent la charge, et l'on vit leurs masses s'ébranler et manœuvrer pour nous envelopper. Nous leur épargnâmes la moitié du chemin, en allant à leur rencontre; bientôt on se joignit, et la mêlée fut générale; on étoit si près, si serrés, que souvent les deux poignées de sabre se touchoient, et le fer devenoit inutile dans la main de ces ennemis qui ne respiroient que le carnage.

La mêlée fut un instant si terrible, que le maréchal Soult voulut faire tirer à mitraille sur le tourbillon de poussière qui nous enveloppoit, comme le seul moyen d'arrêter l'ennemi. D'après sa force et notre petit nombre, il est probable que sa perte eût été six fois plus forte que la nôtre; mais ce funeste moyen ne fut pas employé, car la victoire se déclara pour nous, et les Espagnols se débandèrent de toutes parts en apercevant le reste de notre cavalerie, qui, après avoir passé le Tage, se formoit sur la rive gauche. Une batterie d'artillerie légère, avantageusement placée sur le bord du fleuve, leur fit beaucoup de mal. Nous poursuivîmes les fuyards jusqu'à deux lieues du Tage; tous nos soldats eurent leurs sabres teints de sang. Quatre-vingts dragons du 19e furent blessés, mais légèrement; nous perdîmes trois officiers (1). Nous bivouaquâmes au village de Villar del Pedroso, au pied des montagnes de De-

---

MM. Decrauzat, adjudant-major; Des Essarts, lieutenant, et de Boubers, sous-lieutenant, qui mourut de ses blessures. Nous fûmes d'autant plus affectés de la perte de cet officier que nous l'avions vu déjà convalescent, graces aux soins attentifs du maréchal Mortier; mais ayant voulu sortir trop tôt pour aller remercier le Maréchal, il se rompit l'artère crurale, et il expira dans quelques heures.

leytosa. Le soleil étoit couché depuis long-temps, et l'heure où les ténèbres couvrent la terre étoit arrivée; mais un violent incendie qui s'étendoit sur un espace de deux lieues, donnoit au ciel une clarté pareille à celle du jour. Les obus avoient mis le feu aux moissons et aux gerbes entassées dans la vaste plaine qui borde le Tage en face d'Arzobispo; on voyoit des torrens de feu, poussés par un vent impétueux, se précipiter sur tout ce qui leur offroit un aliment, et faire des progrès effrayans. En un instant, un bois de chênes verts fut consumé.

Les plaintes des blessés qui se sauvoient pour éviter l'incendie, et le cri du désespoir des malheureux qui ne pouvoient fuir, faisoient éprouver à l'ame les sentimens les plus pénibles. Plusieurs Espagnols, ayant une jambe ou une cuisse emportée par le canon, se traînoient sur leurs mains jusqu'à nos bivouacs: nous en recueillîmes beaucoup; et l'on vit des soldats français aller chercher dans le feu plusieurs de ces infortunés. Nous entendîmes toute la nuit des coups de fusil, et, de temps en temps, des détonations semblables au bruit du canon: c'étoient les armes à feu et les caissons d'artillerie laissés sur le champ de bataille, qui étoient atteints par les flammes. Leur ravage continuoit encore le lendemain à notre départ.

Après ce combat, qui coûta aux Espagnols trente pièces d'artillerie et 1600 hommes, ils se retirèrent dans les montagnes de Deleytosa, sous les ordres du duc d'Albuquerque, et une partie alla joindre Vénégas dans la Manche. L'armée anglaise se porta sur Merida et Badajos.

L'infanterie du maréchal Mortier occupa la tête du pont d'Arzobispo, et garda la rive droite jusqu'à Talayera; le maréchal Ney se mit en marche pour rentrer en Castille, et s'opposer aux progrès du duc del Parque, qui étoit aux environs de Salamanque. Le deuxième corps, commandé par le maréchal Soult, fut destiné à couvrir le pays entre Albuquerque, Coria, Placentia, etc., et à faire face à l'armée portugaise.

Le 9 août nous traversâmes le champ de

bataille, nous y rendîmes les derniers devoirs à ceux des nôtres qui étoient restés ensevelis dans leur triomphe. Nos regrets et le tribut de louanges que chacun paya à la valeur de ces guerriers, furent les adieux dont nous saluâmes leurs restes; leurs tombeaux décorés des palmes de la victoire, eurent encore pour trophées les nombreuses hécatombes d'ennemis, et les débris d'armes de toute espèce dont la terre étoit couverte; ils étoient les témoignages parlans des belles actions qui avoient illustré leur trépas. Ces épitaphes militaires valent bien les basses flatteries que souvent le marbre reçoit sur le tombeau d'un courtisan!.......

On ne s'arrêta pas dans Arzobispo, où des cadavres d'hommes et de chevaux jonchoient les rues et exhaloient une odeur pestilentielle. Les maisons étoient désertes et ravagées. Nous prîmes la route de Placentia, suivis par le deuxième corps d'armée.

Le soir on distribua nos bivouacs sur les bords du Tietar, dans un bois à haute futaie; ce lieu sauvage étoit préférable aux villages ruinés que nous trouvions depuis long-temps sur notre passage.

A l'abri des ardeurs du soleil, sous de grands halliers auxquels se marioient des vignes qui nous fournirent abondamment du raisin, nous goûtâmes un repos délicieux. Au coucher du soleil nous délassâmes nos corps fatigués dans les eaux du Tietar. Leur fraîcheur et leur limpidité invitoient à s'y baigner; à travers les arbres qui bordent cette rivière, on apercevoit les riches coteaux de la Vera et le Puerto del Pico, dont les sommets couverts de neige, sembloient braver toutes les ardeurs de la canicule. Nous quittâmes ce beau site au point du jour, et nous arrivâmes à Placentia, que quittoit le maréchal Ney, marchant sur Salamanque. Quelques bataillons de milices voulurent lui disputer le passage du col de Banos, il les culbuta et continua sa route.

Notre division alla occuper à trois lieues en avant de Placentia, la petite ville de Galisteo, entourée de murailles crénelées qui la mettoient à l'abri d'un coup de main.

On y remarque un antique et vaste château appartenant au duc d'Arco. La Xerte coule au pied de ses murailles.

On ne trouva pas un être vivant dans Galisteo, les maisons étoient désertes et les portes fermées; nos soldats les ouvroient d'un coup de fusil dans la serrure; c'étoit le moyen le plus ordinaire, le plus expéditif, et celui qui occasionnoit le moins de dégât.

Fidèles aux instructions qu'ils avoient reçues de la Junte, les habitans n'avoient rien laissé dans leurs demeures, nous étions sans aucune subsistance. Cependant nous parvînmes, avec beaucoup de peine, à nous procurer du grain dans les villages voisins, et malgré les commissaires et les inspecteurs des vivres, nous eûmes du pain; il est vrai que nous le fîmes nous-mêmes. Ces messieurs, pour se donner un air important, ne manquoient jamais de faire naître mille difficultés, lorsqu'il n'en existoit pas, ou lorsqu'ils auroient pu aisément les lever; leur unique soin se bornoit à procurer des vivres au quartier-général. Ils disoient alors effrontément, la division a du pain, la division a de la viande, tandis que sur deux ou trois mille personnes, une trentaine seulement d'individus privilégiés en avoient obtenu. Les inspecteurs de vivres et de fourrages seroient utiles dans une armée où il y auroit des magasins, et où l'on feroit des distributions régulières; mais avec notre manière de faire la guerre, et ce système dévastateur où l'on compte sur les ressources du pays pour faire vivre les armées, ils sont inutiles. Je n'ai pas vu ces agens du Gouvernement faire vingt distributions par an; au lieu d'un abus, il en existoit deux : c'est que l'on pilloit et ravageoit, sous le prétexte de chercher des vivres, et que l'on payoit des gens qui ne faisoient rien.

Le 15 août, nous apprîmes que le général Sebastiani avoit battu complètement Vénégas, à Almonacid.

La division d'infanterie, aux ordres du général Heudelet, vint s'établir avec nous à Galisteo; les reconnoissances envoyées sur Coria nous donnèrent avis que les Anglais faisoient des mouvemens vers Alcantara pour rentrer en Portugal, et que les Portugais qui étoient dans la Sierra de Gata, avoient évacué Moraleja. A cette nouvelle, notre division de cavalerie partit pour Coria. On y arrive en longeant la rivière d'Alagon, nous la passâmes près de l'endroit où elle se réunit à la Xerte. Le pays, jusqu'à Coria, est stérile, couvert de bruyères et de chênes verts. Cette ville est bâtie sur la rive droite de l'Alagon, quoique certains géographes la placent sur la rive gauche; elle est le siége d'un évêché, et on y remarque la Cathédrale et quelques autres édifices.

Il étoit déjà tard quand nous arrivâmes à Coria, où on nous mit au bivouac dans un champ d'oliviers, et nous n'avions pour toute subsistance que le biscuit que nous apportions de Galisteo. Dès que les postes furent placés et les chevaux attachés aux arbres, les soldats se répandirent dans la ville; elle étoit déserte. Munis de gros cierges enlevés dans les églises, et une hache à la main, ils enfonçoient les portes, les coffres et les armoires, sous prétexte de chercher des comestibles, ou de la paille pour les chevaux. Le fracas qu'on entendoit dans l'intérieur des maisons, la vue des flambeaux mouvans et des hommes qui retournoient au camp chargés de butin, les cris confus des moins diligens, offroient un spectacle pénible et curieux tout à la fois. Cette malheureuse ville fut pillée toute la nuit. La cupidité n'eut plus de bornes parmi nos soldats : enflammés par le récit de ceux de leurs camarades dont les recherches avoient été fructueuses, l'asile révéré des tombeaux ne fut pas même épargné ; tels on vit dans les jours de crime et d'anarchie qui ont désolé notre belle patrie, des monstres porter leurs mains sacriléges dans le sanctuaire de la mort et troubler le repos des mânes sacrés, qui depuis dix siècles goûtoient la paix du cercueil. Voilà cependant à quelles atrocités nous conduisoit notre affreux système de faire la guerre sans magasins. Le soldat n'ayant pas de vivres se croyoit tout permis, il étoit impossible d'arrêter le mal qui se faisoit même sous nos yeux, parce qu'un homme pressé par la faim se met au-dessus de la discipline, et que raisonnablement on ne pouvoit empêcher ces excès à cause du prétexte. Je maudissois tous les jours l'auteur de cette guerre odieuse, et j'appelois sur sa tête tous les maux qu'il causoit. Je considérois les Espagnols comme les héroïques victimes de leur patriotisme et de leur dévouement à la noble cause de leur indépendance; je les admirois. J'ai fait comme particulier le moins de mal que j'ai pu, et je n'ai rien à me reprocher; mais comme officier et combattant sous les bannières françaises, lorsque je me trouvois en présence de l'ennemi, je faisois mon devoir.

Les malheureux habitans de Coria erroient dans les montagnes voisines; ils entendoient le bruit de la dévastation, et leur haine s'en augmentoit; ils invoquoient contre nous le courroux du Dieu vengeur: il a exaucé leurs prières!......

Coria (1) autrefois sur l'Alagon, en est

---

(1) Coria est le *Caurium* des Romains. Il n'y a

maintenant assez éloignée. On aperçoit au bas de la ville un pont de sept arches, sous lequel passoit cette rivière. Maintenant le pont est sans rivière, tandis que plus loin la rivière est sans pont. Une autre particularité non moins remarquable, c'est que l'Alagon n'est qu'un filet d'eau en face de Coria, quoiqu'il ait reçu plusieurs rivières dans son cours, pendant que vers Galisteo, plus près de sa source, il n'est pas guéable. On attribue ce phénomène à plusieurs crevasses qui existent dans son lit et qui absorbent une partie de ses eaux.

Comme on vouloit connoître les mouvemens de l'ennemi, on envoya des partis de cavalerie vers la petite ville de Gata;

---

peut-être pas de ville en Europe qui puisse montrer des antiquités aussi bien conservées. Elle est entourée de murailles de construction romaine, qui ont environ trente pieds de haut et de dix-huit à vingt d'épaisseur: des tours carrées y sont placées de distance en distance. On est étonné de voir que dix-huit siècles ont à peine atteint cet ouvrage, qui démontre la solidité des monumens anciens.

ils furent attaqués chaque fois dans les montagnes de ce nom, par les habitans qui avoient pris les armes. On crut s'en venger en livrant Gata aux flammes; cette punition exaspéra les montagnards, qui ne nous laissèrent plus de repos, et qui par représailles égorgeoient tous ceux qui tomboient dans leurs mains. Le Maréchal prit le parti d'envoyer notre brigade à Moraleja, gros bourg sur la rivière de Gata, à l'embranchement des routes d'Alcantara et de Ciudad-Rodrigo. Cette occupation n'empêcha pas le marquis de la Romana de passer très-près de nos postes, avec soixante chevaux, se rendant à Séville pour conférer avec la Junte sur les plans d'opérations.

Une compagnie d'infanterie, envoyée dans le village de Torrejoncilio pour faire des vivres, fut massacrée toute entière par un parti de 1,000 Espagnols. On mit à leur poursuite le 19e régiment de dragons; mais il arriva trop tard: ceux-ci avoient passé le fleuve en face de Garrovillas.

La position du deuxième corps, aux

extrémités de l'Estramadure et entouré d'ennemis, étoit très-hasardée. Le duc del Parque, maître des environs de Salamanque, pouvoit occuper le col de Banos, qui étoit derrière nous; le duc d'Albuquerque étoit sur notre flanc gauche, à Alcantara; nous avions le maréchal Beresford en tête, et les Anglais, qui tenoient Merida, pouvoient passer le Tage à Almaraz ou à Arzobispo, et nous couper toute retraite. Je ne conçois pas ce qui empêcha les Alliés de nous prendre dans leurs filets: si la bonne intelligence eût régné parmi leurs Généraux, nous ne pouvions leur échapper. Comme les Portugais paroissoient vouloir s'emparer de Coria, et qu'ils déployoient des forces considérables, nous nous retirâmes sur Placentia, où étoit notre infanterie. On nous plaça au bivouac en avant de cette ville, près du village de Carcaboso (1), où nous

(1) Pendant mon séjour à Carcaboso je fis quelques excursions pour voir des fragmens de colonnes et de pierres antiques avec des inscriptions, qu'on

restâmes quelques jours. Nous vécûmes, pendant ce temps, de ce que nous allions enlever aux paysans, en faisant le coup de fusil. Livrés à nos propres moyens, et chaque jour amenant de nouveaux besoins, l'industrie se développoit, et chacun contribuoit, par les talens qu'il possédoit, au bien être général. Nos bivouacs offroient l'image d'une colonie; ici on alloit moudre du grain, et l'on faisoit cuire du pain; là on tuoit un bœuf, et les soldats ajustoient à leurs pieds le cuir sanglant de l'animal pour

---

m'avoit dit être dans les environs. J'en trouvai plusieurs dont je ne pus déchiffrer aucun caractère; mais près de l'église de Carcaboso on voit l'inscrip- suivante, qui est très-lisible :

IMP. CAES.
DIVI. TRAIANI. PAR
THICI. F. DIVI. NER
VAE. NEPOS. TRAIA
NVS. HADRIANVS
AVG. PONTIF. MAX.
TRIB. POT. V. COS
III. RESTITVIT.
CIII.

s'en faire une chaussure (1). Les uns fabriquoient du charbon pour forger les fers de nos chevaux; les autres raccommodoient les équipages et les vêtemens. Cette activité, cette variété d'occupations faisoient couler la vie, et nous procuroient les secours dont nous privoit une guerre aussi désastreuse.

Le 1er octobre, les mouvemens de l'ennemi ne nous permettant pas de conserver cette position, le corps d'armée se mit en marche pour se lier au 5e corps, en se portant vers Oropeza; l'infanterie nous précédoit; notre division de dragons forma l'arrière-garde, elle se plaça en observation sur la Xerte, pour voir si les Portugais, instruits de notre opération, voudroient nous inquiéter. A midi, nous quittâmes Placentia,

(1) Les soldats, manquant souvent de chaussures en Espagne, façonnoient une espèce de bottes avec la dépouille des bœufs, et la laissoient continuellement à leurs pieds jusqu'à ce qu'elle en eût pris la forme, et que le cuir fût, pour ainsi dire, tanné : ils avoient soin de mettre le poil en dehors.

et gagnâmes le sommet de la montagne qui conduit à Malpartida. L'ennemi ne parut pas jusqu'à quatre heures du soir, que nous restâmes en vue de la ville. De ce point très-élevé, on aperçoit se prologeant à l'infini les montagnes de Gata, de Pena de Francia et de Puerto del Pico; les riches coteaux couverts de vignes de la Vera de Placentia; la vallée de la Xerte; la ville de Placentia, ses jardins et ses trois ponts, qui aboutissent chacun à une porte de la ville. C'est dans ces environs, qu'est la célèbre abbaye de Saint-Just, où Charles V se retira en 1556, après son abdication. Il étoit nuit lorsque nous arrivâmes sur les bords du Tietar, et nous y bivouaquâmes.

Le 2 octobre, nous marchâmes vers Navalmoral. Quoique la saison fût déjà avancée, il faisoit si chaud dans ces plaines, qu'un soldat qui n'avoit qu'une blessure légère, mais qui le forçoit de se tenir sur le dos, mourut pour avoir reçu, pendant plusieurs heures, les rayons du soleil d'aplomb sur la figure.

Le maréchal Soult venoit d'être nommé

major-général, on en tira d'heureux présages; on pensa que du moins chaque Général n'agiroit plus d'après son caprice ou ses intérêts particuliers, comme il arrivoit très-souvent; et qu'il y auroit plus d'ensemble dans les opérations. Notre division passa sous les ordres du maréchal Mortier; et fut chargée de couvrir le Tage, en protégeant les communications entre Talavera et Madrid.

Déjà des partis nombreux, connus sous le nom de Guerillas, ayant à leur tête des chefs braves et audacieux, interceptoient nos courriers, s'emparoient de nos convois, enlevoient les garnisons, et massacroient sans pitié les malades ou les soldats isolés qui restoient en arrière. Ils nous faisoient, de cette manière, autant de mal qu'un ennemi formidable dans une bataille rangée. Pour envoyer des ordres et communiquer d'une place à une autre, il falloit employer des bataillons entiers. Il étoit presque impossible d'atteindre ces Guerillas, parce qu'ils étoient parfaitement servis par les habitans, et qu'ils avoient une connoissance exacte des lieux. Ils savoient toujours d'avance que s'ils étoient attaqués et dispersés, ils se rallieroient sur tel point pour tomber dans un endroit où on ne les attendoit pas. Ils n'attaquoient jamais qu'avec la certitude d'un avantage: leurs succès exagérés par la haine nationale et l'appât du brigandage, multipliant ces bandes dans toute l'Espagne, elles se partagèrent le royaume, et chacune, dans la province qui lui étoit assignée, faisoit aux Français tout le mal imaginable. Elles rendoient compte de leurs opérations à la Junte-Suprême, qui récompensoit, par des honneurs et des dignités, ceux qui s'illustroient par des actions d'éclat. La plupart des chefs, sortis des derniers rangs de la société, furent désignés par la profession qu'ils y exerçoient, tels que *el Cosinero*, le Cuisinier; *el Medico*, le Médecin; *el Capucino*, le Capucin; *el Pastor*, le Pasteur; ou par quelque trait caractéristique, comme *el Empecinado*, l'Implacable: surnom de Juan Martin; *el Abuelo*, le Grand-Père; *el Marquesito*, le Marquis (de Porlier). Les deux plus fameux chefs, ceux qui nous ont fait le plus de mal, et qui ont réuni jusqu'à 20 mille hommes, sont l'Empecinado et Mina: le premier faisoit trembler les deux Castilles, l'autre régnoit dans la Navarre avec l'autorité d'un Souverain.

Chargés d'observer la rive gauche du Tage, que bordoit l'armée espagnole du duc d'Albuquerque, les quatre régimens de notre division prirent position sur la rive opposée, qu'ils gardoient depuis le pont d'Almaraz jusqu'à Talavera. Le Tage coule en Estramadure dans un lit de rochers: on n'y reconnoît pas ce fleuve majestueux ni ses bords enchanteurs, que les poëtes ont embelli des plus aimables fictions. Son cours, entre deux montagnes, est très-rapide près du village de Berrocalejo, et ce fleuve, qui, en beaucoup d'endroits, n'a pas vingt pieds de large, est toujours très-profond. Des rochers à pic, couverts de genêts et d'une mousse blanchâtre, se prolongent sur ses rives, qui offrent l'aspect le plus agreste. On n'y voit que quelques chèvres suspendues sur le sommet des rochers, et de misérables pâtres couverts de peaux de mouton. Nul arbre, aucune verdure ne vient reposer la vue; toujours s'offre aux yeux une terre stérile et sauvage; mais à quelque distance du fleuve, le pays est riant et fertile, comme toute la partie de l'Estramadure qui est entre l'Alberche et le Tage.

Un climat si doux, un ciel presque sans nuages rendroient ce pays le plus beau du monde, si les habitans avoient plus d'industrie et d'amour du travail. La terre, pour produire, ne demande qu'à être cultivée, et on peut y recueillir deux moissons par an; mais ce peuple paresseux ne sème que ce qui est absolument nécessaire à sa subsistance; et, au lieu d'ouvrir de larges sillons, il se contente de gratter la superficie de cette terre, si fertile qu'elle produit encore les plus beaux grains. Une profonde ignorance, commune à toute la basse classe du peuple, est le résultat naturel de cette paresse et de cette apathie, auxquelles il faut ajouter encore la malpropreté; car la réputation qu'ont les Espagnols de laisssr propager chez eux une sorte de vermine très-désagréable, est justement méritée: peu de personnes en sont exemptes, et souvent l'hidalgo, comme le paysan, a sa tête et son corps garnis de ces insectes. Lorsqu'une jeune Espagnole veut donner à son amant une preuve d'amour, elle le fait asseoir à ses pieds, et prend plaisir à le débarrasser de ces hôtes incommodes; cette aimable attention est la marque d'une grande intimité, et l'expression la plus délicate du sentiment.

Le costume des habitans de l'Estramadure consiste en une veste de couleur brune, sans manches et sans col, une large culotte de la même étoffe, et des guêtres; on leur voit aussi une peau de mouton noire, façonnée en veste, dont la laine est en dehors; de sorte qu'avec leur figure basanée, ils ont, au premier aspect, quelque chose d'effrayant.

J'étois logé à Berrocalejo, dans une petite maison tenant au bivouac; une partie des habitans de ce village y étoient restés, et mon ménage se composoit du mari, de sa femme et de ses trois enfans. Ils n'avoient d'autre couche que le sol, sur lequel ils étendoient des nattes recouvertes de peaux de mouton. Au lever du soleil, la famille faisoit un repas très-frugal, que la misère des temps rendoit encore plus simple : un pied de bœuf bouilli dans l'eau, et un morceau de pain noir, le plus souvent des glands, composoient toute leur nourriture. Ils paroissoient accoutumés à ce genre de vie; car les Espagnols sont très-sobres : du pain, de l'eau et des cigarres leur suffiroient; mais ce dernier objet est de première nécessité. Nos soldats au contraire ne se soutenoient qu'en mangeant beaucoup de viande, et en buvant du vin. Quand ils étoient dans l'abondance, ils devenoient très-difficiles : j'en ai vu tuer un bœuf pour avoir les filets, et ne prendre d'un mouton que les gigots seulement.

Au commencement de novembre, notre brigade se rapprocha de Madrid, pour protéger les convois, les courriers et l'arrivée des vivres, que les Guerillas interceptoient. Ils maltraitoient les paysans qu'ils trouvoient avec des subsistances à une certaine distance de la capitale, et ils les renvoyoient après avoir pris leur argent et leurs mules.

Si l'amour de la patrie et de la légitimité arma le bras des généreux Espagnols qui vouloient reconquérir leur indépendance, on vit aussi une foule de vagabonds et de malfaiteurs profaner le drapeau national, et avec les mots de Ferdinand et de liberté commettre sur leurs compatriotes des atrocités qu'on a rarement imputées aux Français.

Le 19ᵉ de dragons alla occuper Santa-Crux sur la route de Madrid, entre le Tage et l'Alberche. Divers détachemens alloient tous les jours faire des expéditions sur la rive droite de cette rivière à *Escalona*, à *Ormigos*, à *Cadahalso* et à Guisando. C'est près de ce dernier endroit que l'on voit quatre taureaux monstrueux en pierre, dont on fait remonter l'origine au temps de César. On prétend que ce Prince ayant défait complètement dans ces montagnes de la Castille, Sextus et Cneius, fils de Pompée, il fit célébrer cette victoire par des hécatombes de taureaux, et qu'on éleva ceux-ci pour en perpétuer le souvenir. On aperçoit sur leurs corps quelques traces d'inscriptions qu'on ne peut déchiffrer; on a même beaucoup de peine à reconnoître sur ces masses informes et colossales la forme des animaux qu'elles représentent.

Le 5 novembre, nous apprîmes la conclusion de la paix avec l'Autriche; on chanta le *Te Deum*, et le canon fut tiré dans toutes les villes.

Cependant le général Arisaga, commandant l'armée espagnole de la Manche et d'Estramadure, forte de 50,000 hommes, résolut de marcher sur la capitale, et s'avança jusqu'à Aranjuès. Le maréchal Soult partit aussitôt de Madrid avec le roi Joseph. Le maréchal Mortier rassembla ses troupes, se réunit à la réserve, composée des gardes de Joseph et du quatrième corps, et se dirigea vers Ocana. Le 19 novembre, les deux armées étoient en présence: nous n'avions qu'environ 25,000 hommes.

L'ennemi, sur plusieurs lignes, avoit sa droite à Noblegas, son centre à Ocana, et sa gauche se prolongeoit au-delà de cette ville. Un ravin profond couvroit une partie de son front. Le Général espagnol avoit pour lui l'avantage du nombre et du terrain ; il n'en sut pas profiter : il ne put faire aucun usage de sa cavalerie, mal placée derrière ses masses d'infanterie. Le général Leval, qui formoit notre gauche, commença l'attaque sur la droite de l'ennemi ; il ne put forcer les positions ennemies, défendues par beaucoup d'artillerie. Cédant au nombre, notre aile gauche plia, et fut obligée de repasser le ravin. Elle revint bientôt à la charge avec impétuosité, soutenue par le général Girard, du cinquième corps ; les Espagnols avoient perdu leur ordre de bataille en poursuivant ceux de nos régimens qui n'avoient pu résister d'abord. Le général Sébastiani les prit en flanc avec sa cavalerie, enfonça plusieurs bataillons, et notre infanterie reprit l'avantage sur tous les points. En peu d'heures, il resta à peine de cette grande armée 2,000 hommes réunis : 20,000 hommes, 50 pièces d'artillerie, plusieurs drapeaux et tout le bagage tombèrent en notre pouvoir.

Le général Arisaga, qui, dit-on, observoit la bataille du haut du clocher d'Ocana, faillit être pris.

Si, au lieu de se présenter en rase campagne avec des troupes levées à la hâte et mal armées, ce Général eût gardé les défilés de la Sierra-Morena, son armée se seroit augmentée, ses soldats auroient acquis de la confiance, se seroient aguerris, et nous n'aurions pas envahi l'Andalousie, que nous livra la perte de cette bataille.

LIVRE QUATRIÈME.

CANTONNEMENT de Cebolla. — Postes de correspondance établis sur les routes. — Séjour à Almaraz. — Pont d'Almaraz. — Truxillo. — Medellin. — Merida; ses antiquités romaines. — Caceres. — Casar de Caceres. — Bords de la Guadiana. — Départ du deuxième corps pour le Portugal. — La quatrième division de dragons se rend dans la Manche, passant par les hautes montagnes de Guadelupe. — Manifeste de l'évêque de Laodicée, président de la Junte de Séville, au sujet de la paix avec l'Autriche, en 1809. — Mora. — Consuegra. — Puerto-Lapice. — Ojos de la Guadiana. — Mançanarez. — Toboso. — Séjour dans la Manche. — Retour dans la province de Tolède. — Ville de Tolède; ses antiquités. — Récit d'un officier échappé des pontons de Cadix. — Troupeaux voyageurs. — Progrès des Guerillas. — Mort du chef d'escadron Labarthe et de quatre-vingts grenadiers d'infanterie, près d'Illescas, sur la route de Madrid.

Après la bataille d'Ocana, les corps d'armée du général Sébastiani et des maréchaux Victor et Mortier se dirigèrent sur la Sierra-Morena, sous les ordres du roi Joseph et du maréchal Soult. Les Espagnols avoient élevé des fortifications, et pratiqué des mines dans les défilés de ces montagnes. Ils espéroient se maintenir dans les nombreuses positions de Puerto-del-Rey, de Despenna-Perros, et du col de Mudelar; et si elles étoient forcées, faire sauter des quartiers de rochers et des portions de route dans les endroits où celle-ci se trouve resserrée entre deux montagnes à pic.

A l'arrivée de nos troupes, les points fortifiés ayant été tournés, l'ennemi, épouvanté, mit trop tôt le feu aux mines; il n'en résulta que beaucoup de bruit, et aucun mal pour nous. Lorsque les Espagnols virent le peu de succès d'une opération sur laquelle ils avoient fondé tant d'espérances, ils abandonnèrent leurs positions. Le passage resté libre, les Français entrèrent sans obstacle en Andalousie. Grenade, Cordoue, Séville, ouvrirent leurs portes; et si Joseph ne se fut pas arrêté mal à propos dans cette dernière ville, on se seroit emparé de Cadix, qui étoit sans garnison. Six jours perdus donnèrent le temps au duc d'Albuquerque d'entrer dans cette place avec quelques troupes, et dès-lors, il fut impossible de rien tenter sur ce point.

Notre division de cavalerie, qui n'avoit pas fait partie de l'expédition d'Andalousie, fut placée sur les bords du Tage, aux environs de Talavera (1), pour observer la rive

(1) Talavera est dans une belle situation, au milieu d'une plaine fertile, arrosée par l'Alberche et le Tage. On ne compte plus que douze mille habitans dans cette ville, qui étoit considérable sous les Romains, dont plusieurs ruines retracent le souvenir. Cette ville est commerçante et occupe beaucoup d'ouvriers, qui y font des soieries estimées: un Fran-

gauche. Les paysans de cette contrée avoient abandonné leurs demeures, pour se retirer dans les montagnes, de sorte que les subsistances étoient devenues très-rares; cependant, on voyoit encore des champs couverts de moissons, que le départ des habitans, et la présence continuelle de l'ennemi avoient empêché de récolter; nos soldats, armés d'un fusil et d'une faucille, alloient, par détachemens de 100 hommes, couper du blé, qu'ils rapportoient en gerbes; il falloit ensuite battre, vanner, moudre et faire le pain.

Mon régiment fut bivouaqué pendant quelques jours devant Cazalegas, près de la route de Madrid. Ce malheureux village avoit été entièrement ruiné, par suite de la bataille de Talavera. Il étoit autrefois riche et peuplé; il n'y restoit plus que quatre

çais y porta cette branche d'industrie, en 1748. Talavera a donné naissance à plusieurs hommes célèbres, parmi lesquels on distingue l'historien *Mariana*.

familles indigentes. Le jour de la bataille, on y avoit établi l'ambulance de notre armée; les maisons étoient pleines de cadavres qui exhaloient une odeur insupportable; et après quatre mois, on voyoit encore, dans les rues, des membres épars au milieu des débris de toits, de meubles et de poutres à demi-brûlés.

Nous éloignâmes notre camp de cet air pestilentiel, et nous le plaçâmes dans un champ d'oliviers, à un quart de lieue de Cazalegas.

Une grande quantité d'aigles et de vautours, attirés par les cadavres, venoient, dans les champs voisins, se repaître de chair humaine. Lorsqu'on voyoit, à une certaine distance, une douzaine de ces animaux réunis, on les prenoit pour l'ennemi, ce pays étant infesté de bandes de Guerillas; et ils ont souvent occasionné des méprises singulières.

Les nombreuses troupes qui avoient séjourné dans ce canton, l'avoit réduit à la plus affreuse misère. Nous manquions de pain; nous ne pouvions plus même nous procurer de l'orge et de la paille hachée (1) pour nos chevaux. Notre Général se rapprocha du Tage, et sa brigade s'établit dans le bourg de Cebolla, à une demi-lieue du fleuve.

Ce lieu est renommé par ses vins blancs et son agréable position. Quoiqu'il ait plus de six cents feux, il n'y étoit resté qu'une trentaine de misérables, qui cherchoient de quoi subsister dans les maisons abandonnées, ou qui venoient implorer l'humanité de nos soldats. Le bois est très-rare dans la plaine qui avoisine le Tage, en sorte que ceux qui nous avoient précédés avoient brûlé les meubles, les portes et les fenêtres; ainsi il ne nous restoit plus d'autre ressource que celle de démolir entièrement les maisons, et tous les jours on en assignoit un certain nombre à chaque compagnie : il valoit encore mieux employer ce cruel moyen que de brûler les

(1) Nourriture ordinaire de nos chevaux depuis que nous avions passé les Pyrénées, et la seule en usage chez les Espagnols.

vignes et les oliviers qui sont la richesse du pays. Avant de quitter leurs demeures, les habitans avoient caché des grains dans la partie la moins apparente de leurs maisons, et ils avoient muré cet endroit avec précaution : la fraîcheur du ciment, ou telle dimension intérieure qui ne paroissoit pas d'accord avec la dimension extérieure correspondante, découvroit souvent cette innocente ruse. Nos soldats passoient leurs journées à inspecter toutes les habitations, et le mur qui excitoit leur soupçon étoit abattu en un clin d'œil ; d'autres fois ils sondoient les jardins avec les baguettes de leurs fusils ; dès qu'ils rencontroient un obstacle, ils creusoient la terre à cet endroit, et trouvoient ainsi tous les jours des sacs de blé, des jambons et des *tenacas* (1) remplies de vin.

Quelques jours après notre arrivée, beaucoup de paysans vinrent de la rive gauche du Tage, pour faire la récolte des olives;

---

(1) Grande jarre de cinq à six pieds de haut, faite en forme d'urne.

ils approchoient avec crainte, et jetoient un coup d'œil furtif sur leurs demeures, pour voir si elles étoient encore debout. Les propriétaires de celles que nous avions abattues montroient le plus violent désespoir: ils alloient à leur travail en invoquant la Mère de Dieu, Saint Joseph et tous les Saints, et nous souhaitoient mille malédictions. Ils avoient soin de n'amener avec eux aucune jeune femme; celles qui partageoient leurs travaux étoient vieilles et laides. Tous les soirs ils repassoient le Tage, avec leurs mulets et leurs ânes chargés d'olives; car, malgré nos instances réitérées, nous ne pûmes les déterminer à coucher à Cebolla: ils étoient de retour au lever du soleil; on avoit beau leur répéter qu'en habitant leurs maisons, ils échapperoient au fléau qu'ils redoutoient, ils préféroient ajouter ce sacrifice à tous ceux qu'ils avoient déjà faits, pour éviter notre présence.

Le jour des Rois, nous fîmes célébrer la messe dans l'église de Cebolla, qu'il fallut débarrasser des décombres qui la remplissoient: il n'y avoit d'Espagnols que le prêtre et un sacristain; aucun habitant n'avoit voulu s'y trouver, regardant comme un sacrilége une messe à laquelle des Français assistoient.

Une bande de Guerillas, commandée par un nommé Camille, s'augmentoit tous les jours et nous faisoit le plus grand mal : le pays entre Talavera et Madrid étoit le théâtre de ses opérations. Ce Camille étoit un laboureur très-riche des environs de Talavera, qui avoit vu deux fois, avec résignation, piller sa maison et tous ses bestiaux; mais sa femme et ses deux filles ayant été violées par nos soldats, il voua une haine éternelle aux Français, et jura de ne leur faire aucun quartier; aussi tout ce qui tomboit entre ses mains étoit immolé sans pitié.

Seize dragons du 19e, allant de Valmojado à Santa-Crux, furent attaqués par 200 chevaux de sa bande; le maréchal-des-logis qui les commandoit étoit brave et déterminé, il se fit jour à travers l'ennemi et se sauva avec cinq hommes: les dix autres furent massacrés.

On avoit établi à des distances de cinq ou six lieues, sur la route de Madrid à Talavera, des postes chargés de la communication. Les convois, ou les officiers porteurs de dépêches y prenoient un certain nombre d'hommes pour les escorter; la nuit convenoit mieux que le jour à cette correspondance, dans un pays si plat, où l'on étoit aisément aperçu à trois ou quatre lieues, et où il étoit difficile d'échapper à un ennemi toujours plus fort que les foibles détachemens qu'on y employoit. Pour communiquer sûrement sur cette route, il auroit fallu au moins 100 chevaux: chaque poste étoit retranché à l'extrémité du village dans une maison crénelée, autour de laquelle régnoit un fossé hérissé de palissades; souvent des Guerillas, vêtus comme le reste des paysans, après avoir déposé leurs armes, venoient rôder autour de l'enceinte et reconnoître la position; une sentinelle placée sur le toit avertissoit de l'approche de l'ennemi, et alors on se défendoit dans cette petite forteresse. Nos troupes n'avoient de communication avec les habitans des villages que lorsqu'il falloit en exiger des vivres.

Pour réprimer l'audace des bandes de Camille et du Médico (1), et pour assurer la route de Tolède, le 19e régiment fut envoyé à la Puebla de Montalban : c'est une petite ville riche, bien bâtie, et dans un pays fertile ; ses environs produisent d'excellens vins et beaucoup d'huiles.

Le 10 février, notre division rejoignit le deuxième corps, dont elle avoit été un moment séparée ; il opéra ce jour-là même son mouvement sur l'Estramadure, afin de se lier au maréchal Mortier, détaché de l'armée d'Andalousie pour s'emparer de Badajos. L'armée traversa le Tage à Arzobispo, et franchit les montagnes de Deleytosa, pour gagner Truxillo, où son quartier-général fut établi : c'est là qu'arriva le général Regnier, pour prendre le commandement du deuxième corps. Cependant, le pont d'Almaraz ayant été coupé

(1) Autre chef, dont la bande infestoit aussi cette province.

quelques mois auparavant, on jugea nécessaire de jeter un pont volant sur le Tage, au même endroit, pour rétablir la communication de Truxillo à Madrid. Mon régiment fut détaché à Almaraz pour protéger les travailleurs, et faire la correspondance jusqu'à Talavera.

Le village d'Almaraz ne présentoit plus qu'un monceau de décombres ; les Français et les Espagnols, qui l'avoient occupé tant de fois, avoient démoli les maisons pour en tirer le bois nécessaire à la construction des ponts volans, qui étoient ensuite brûlés à l'approche de l'ennemi. Un vaste plant d'oliviers, qui étoit à l'est du village, et tous les arbres des environs avoient été brûlés ; on voyoit par-tout les traces de nombreux bivouacs, et la terre étoit couverte de boulets, d'éclats d'obus, de bombes, et des débris d'un parc d'artillerie, que le premier corps avoit été obligé de faire sauter.

C'est au milieu de ces ruines, et sans aucune ressource, que nous nous établîmes autour de quelques troncs d'oliviers ; pour comble d'infortune, nous manquions d'eau. Autrefois une belle source, venant d'une petite montagne située à un quart de lieue du village, répandoit son eau limpide dans un vaste bassin, maintenant desséché et rempli de vêtemens, de cadavres d'hommes et d'animaux, qui exhaloient une odeur infecte ; les conduits avoient été brisés par les paysans, de sorte que l'eau se perdoit dans la terre avant d'arriver à sa destination. Notre premier soin fut de nettoyer le bassin, de rétablir les tuyaux, et des gardes furent placées à la source de la fontaine, pour que les paysans ne vinssent pas détruire notre ouvrage pendant la nuit. Dans ce désert, séparés de tous villages habités, nous étions obligés de faire des excursions à plusieurs lieues pour nous procurer des vivres; nous en tirions des bords du Tietar, d'où les habitans nous apportoient tous les jours un certain nombre de rations. La paille hachée pour nos chevaux étoit en si petite quantité, que ces malheureux animaux vécurent pendant plus de deux mois avec du chien-dent et de la camomille; chaque soldat, armé de son fusil, alloit avec une faucille couper, jusqu'à une demi-lieue du camp, la ration de son cheval. Cette détestable nourriture les empêchoit de mourir de faim; mais occasionna des maladies qui en firent périr plus de quarante.

En proie à toutes les privations, nous éprouvions dans ce triste séjour le supplice de Tantale. De nos bivouacs nous apercevions le revers sud des monts Gredos, toujours couverts de fleurs et de fruits. La fertilité de cette contrée lui a mérité le nom de *Vera* (printanière); elle donne naissance à l'Alberche, au Tietar, à l'Alagon et à la Xerte, qui arrosent de riches vallées. Plusieurs villages entourés de vignes et d'arbres fruitiers, annonçoient l'abondance dans laquelle vivoient les habitans de ce beau pays: tandis que dans une étendue de plus de vingt lieues tout offroit le deuil et la destruction; on apercevoit, sur la rive gauche du Tietar, paître de nombreux troupeaux, et la fumée des foyers s'exhaloit des paisibles habitations. C'étoit à la fois l'image de l'Elisée et des Enfers. Pour nous empêcher de pénétrer chez eux, ces montagnards avoient appelé plusieurs bandes de Guerillas qui combattoient nos détachemens; car ils savoient bien qu'étant chargés de garder les travaux du pont, nous ne pouvions leur opposer beaucoup de monde, en sorte qu'ils éludoient nos demandes par mille défaites, où l'on découvroit toujours l'intention de nous tromper.

Le 15 mars, nous apprîmes qu'il se formoit un rassemblement de 500 hommes dans la Vera, et que les Guerillas occupoient Xaraïs, Aldea-Nueva et Xarandilla. Leur but étoit de s'emparer du détachement de sapeurs qui coupoit du bois sur le Tietar, pour la construction de nos bacs; mais le bois étoit déjà enlevé, et les ouvriers rentrés, lorsque les Espagnols se présentèrent dans la forêt. Enfin, les officiers du génie parvinrent à établir, sur le Tage, ces deux bacs, qui étoient le but de notre détachement.

Le village d'Almaraz, quoique à une demi-lieue du fleuve, a donné son nom à un pont jeté entre deux montagnes, qui est au-dessus de l'hôtellerie de Lugar-Nuevo. C'est sous Charles V qu'il a été construit; il est remarquable par son élévation, sa solidité et la hardiesse de son beau travail. Il n'a que deux arches d'environ cent vingt pieds de largeur, et de plus de cent quarante de hauteur. Celle qui aboutit à la rive droite avoit été rompue par les Espagnols, en 1809. Sous cette dernière, couloit le Tage; maintenant, il roule ses ondes avec grand fracas parmi les ruines de l'arche tombée. Il a, dans cet endroit, plus de quarante pieds de profondeur, tandis qu'il ne passe que dans les grandes crues d'eau sous l'arche, qui touche à la rive gauche. Le pont est dominé, sur cette rive, par la crête d'une montagne où l'armée de Cuesta avoit construit des batteries. Elles furent enlevées, ainsi que toutes les positions qui bordent le fleuve, lorsque, dans le mois de mars, le premier corps passa le Tage, et força le col de Miravette, que les Espagnols regardoient comme imprenable.

Pendant notre long séjour à Almaraz, nous relevâmes quelques maisons. Les jardins qui avoient le moins souffert furent cultivés : la colonie s'augmenta de quelques vaches et des poules enlevées dans les villáges des bords du Tietar : notre exil devint plus supportable; mais les ustensiles de cuisine étoient si rares, que j'ai vu beaucoup de soldats qui mangeoient leur soupe dans des éclats de bombes; ainsi, ces instrumens de mort servoient, dans notre détresse, à la commodité des premiers besoins de la vie.

Le seul être vivant qui n'ait pas fui à notre approche, fut une cigogne, qui avoit son nid sur le clocher, l'unique partie de l'église qui soit restée entière : nos soldats l'avoient surnommée Catherine; ils lui donnoient à manger, et l'avoient rendue si familière, qu'elle venoit jusque dans nos bivouacs. La sentinelle placée sur le clocher, pour sonner dès qu'elle apercevoit quelque troupe, ne l'intimidoit plus. Il lui vint une compagne, et ce couple, indifférent à tant de désastres, éleva sa paisible famille sous la sauve-garde du régiment. Nous fûmes relevés vers le milieu du mois d'avril, et nous passâmes le Tage pour rejoindre le corps d'armée, qui étoit sur la Guadiana, vers Merida.

Avant d'arriver à la tour de Miravette, nous aperçûmes, au couchant, le cours du Tage, qui, par une bizarrerie de la nature, coupe en deux une haute chaîne de montagnes (le prolongement de celle de Guadelupe), et passe au travers. Devant nous, se dérouloit la plaine, entre le Tage et le Tietar, terminée par les riches paysages de la Vera. Au levant, la campagne d'Oropeza et d'Arzobispo, qui se prolonge jusqu'à l'extrémité de l'horizon; et à l'ouest, les cimes élevées des montagnes de Gata et d'Alcantara, venoient compléter la beauté de ce tableau. Les délicieuses sensations que fait éprouver à l'ame l'aspect des grandes merveilles du Créateur, étoient changées en un sentiment pénible, en pensant que la destruction et la mort avoient dévasté cette belle province, et que nous n'y avions pas un seul ami!........ Après avoir traversé de vastes champs de bruyères, nous arrivâmes à Jaraycejo, bourg autrefois très-peuplé, près duquel nous passâmes la rivière d'Alamonte, qui coûle entre deux montagnes, nous entrâmes dans une vaste forêt de chênes verts, qui nous séparoit de Truxillo; nous arrivâmes tard dans cette ville : elle est assez grande et bien bâtie; on y voit de beaux hôtels. Sur une colline qui la domine, il n'existe, de ce qu'on appelle le château, que quatre murs qui tombent en ruine. On s'occupoit de le réparer, et de fortifier cette position. Autrefois, Truxillo étoit une ville considérable. Les ruines qu'on y aperçoit attestent son ancienne splendeur. C'est la patrie du fameux François Pizarre, un des conquérans du Nouveau-Monde.

Après avoir été si long-temps au bivouac, nous eûmes des lits à Truxillo. De peur de nous y accoutumer, nous partîmes le lendemain pour Miajadas, où nous logeâmes, par vingtaine, dans les principales maisons. Nous trouvâmes, dans ce village, un poste de 150 dragons du 18e, chargés de la correspondance. Ils étoient retranchés dans l'église, dont la porte étoit murée, et les autres issues barricadées. Ces braves avoient soutenu un siége quelques jours auparavant, contre un parti de 1000 Espagnols sortis de Badajos. Menacés d'être passés au couteau (expression qu'emploient les Espagnols) s'ils ne se rendoient pas, nos soldats ne répondirent qu'à coups de fusil, et forcèrent l'ennemi à se retirer, après avoir perdu une centaine d'hommes.

Vers la même époque, le général Foi, qui avoit été envoyé en reconnoissance vers Cacerès, avec quelques compagnies d'infanterie, fut attaqué près de cette ville par des forces bien supérieures, sur-tout en cavalerie. Cet officier, qui passoit pour un des plus instruits et des plus braves de l'armée, prouva, dans cette circonstance, que cette réputation n'étoit pas usurpée. Il fit plus de six lieues, marchant en carré; il ne put jamais être entamé, et fit éprouver une perte considérable à l'ennemi.

Le lendemain nous arrivâmes sur les bords de la Guadiana (l'Anas des Anciens), que nous passâmes à Medellin (1), assez jolie petite ville : elle est célèbre par la naissance de Fernand-Cortez, et par la bataille que le maréchal Victor y remporta, le 28 mars 1809, sur l'armée de Cuesta. Le quartier-général de notre division y étoit établi. Mon régiment reçut ordre d'aller cantonner à la Hava; il traversa le champ de bataille, qui est dans une plaine immense, entre Medellin et Don Benito. A l'affaissement du sol on reconnoissoit les nombreuses fosses où avoient été enterrés les morts; nos chevaux s'enfonçoient dans ces terres mouvantes, ou fouloient aux pieds des cadavres à peine reçouverts. La bataille de Medellin fut très-sanglante; les Espagnols perdirent plus de

---

(1) Medellin fut bâti, dit-on, 74 ans après la naissance de Jésus-Christ, par Quintus Cœcilius Metellus, consul romain. C'est du mot de Metellus, que par corruption on a fait *Medellin*. Cette ville après avoir été long-temps sous le joug des Maures, fut reprise sur eux en 1234, par un Grand-Maître d'Alcantara.

8 mille des leurs, les Français eurent 3 mille hommes mis hors de combat. Après cette affaire, quoique les troupes espagnoles n'eussent pas toutes fait leur devoir, la Junte accorda des récompenses au général Cuesta, et institua une décoration pour les militaires qui étoient présens à cette action. L'ordonnance portoit, qu'ils avoient bien mérité de la patrie. Cette politique adroite rehaussa le courage abattu de l'armée espagnole, que des reproches, hors de saison, auroient aigrie.

Le 18 avril, des reconnoissances envoyées jusqu'au pied des montagnes qui séparent l'Estramadure du royaume de Cordoue, ne trouvèrent que des paysans armés.

Etant en communication avec le maréchal Mortier, qui occupoit Villa-Franca, Zafra et Los-Santos, notre division reçut ordre de se rapprocher de Merida, où étoit le général Regnier, commandant le deuxième corps; elle occupa pendant plusieurs jours Almendralejo, petite ville au milieu d'une vaste plaine très-fertile en grains; elle est bien bâtie et très-agréable; il y a beaucoup de noblesse et de gens aisés, dont plusieurs accueillirent nos compatriotes, lorsque fuyant le règne de l'anarchie, ils vinrent chercher asile chez un peuple ami; ce souvenir doit être cher à tous les Français; il doit, en rappelant des momens bien cruels, faire naître dans nos cœurs des sentimens de vénération et de reconnoissance pour les êtres bienfaisans qui vinrent au secours de leurs frères. J'ai vu à Almendralejo deux vieux prêtres, l'un Gascon et l'autre Picard, qui vouloient finir leurs jours dans leur patrie d'adoption.

On voit dans les environs de cette ville quelques palmiers et une grande quantité d'aloès, dont les feuilles aiguës s'élèvent à une grande hauteur; ils servent de haies pour la clôture des jardins. En approchant de Merida, au pied de la montagne qui borde la Guadiana, des vignes, de belles plantations d'oliviers et des vergers d'orangers et de citronniers présentent un coup d'œil ravissant.

Notre division s'établit dans les villages qui bordent le fleuve. Le 19e de dragons cantonna à Calamonte, à une lieue de Merida (1).

---

(1) Cette ville prit sous Auguste le nom d'*Augusta Emerita*, et devint capitale de la Lusitanie; elle étoit si considérable et d'une si grande étendue, qu'elle a eu, dit un Historien, jusqu'à quatre-vingt mille hommes de garnison : à peine y compte-t-on maintenant trois mille habitans. On aperçoit des ruines de grands monumens et des traces de rues à plus d'une demi-lieue de la Guadiana, sur la rive gauche. Ce qui reste de cette ville, jadis si florissante, se trouve sur la rive droite : on y remarque un très-beau pont, deux aqueducs d'une solidité surprenante, et un cirque très-vaste. En entrant dans la ville, venant de Badajos, par la rive droite, on passe sous un arc de triomphe, bien conservé, que les ravages de dix-huit siècles paroissent à peine avoir atteint. Au milieu de la ville, on voit les ruines d'un temple consacré à Diane, plusieurs colonnes sont encore debout; le temple de Mars, dont on a fait une chapelle qui occupe l'entrée des faubourgs de Truxillo, offre des morceaux qui attestent la perfection des arts chez les maîtres du Monde. Des trophées militaires, des armes de toute espèce en relief, d'une beauté et d'un travail admirables, sont maintenant à côté des images

Le général Regnier ayant appris que la petite ville d'Albuquerque, occupée par 8 mille Espagnols, envoyoit souvent des partis jusqu'au village de la Roca, résolut

---

grossièrement façonnés de la Vierge et des Saints. On lit encore sur un marbre cette inscription :

MARTI. SACRUM VETILLIA. PACULI.

Peu de villes renferment autant d'antiquités que Merida; on n'y peut faire un pas sans trouver des vestiges de la grandeur et de la magnificence romaine.

Les temples, les ponts, le cirque, le théâtre, la naumachie, l'arc de triomphe, ne le cèdent en rien aux plus beaux monumens de l'ancienne Rome. Ses aqueducs, qui se prolongeoient jusqu'à une lieue de la ville, passant par-dessus la rivière d'Albarregas, fournissoient de l'eau aux citoyens et aux jeux de la naumachie. Cette eau venoit de deux vastes bassins creusés par les Romains; ils sont l'un et l'autre entourés de murailles, le plus grand a près d'une lieue de circuit et cinquante pieds de profondeur.

Ces vestiges de la savante antiquité, sont si peu respectés, que l'on voit quelquefois un paysan porter sa main sacrilége sur ces restes précieux; transformer en borne la statue d'un dieu que peut-être adorèrent ses aïeux, et confondre avec le torchis, qui

de les surprendre. Notre division monta à cheval à minuit, le 21 avril, et marcha sur ce point, après avoir traversé la Guadiana à Merida. Le Général espagnol, don Carlos d'Espagne, y fut pris à l'improviste; le 17e de dragons y fit une très-belle charge sous les ordres du général Digeon, qui, dans toutes les occasions, donnoit le

---

forme le mur de sa cabane, la pierre qui couvrit la cendre d'un Prêteur ou d'un Général romain. On remarque dans presque toutes les rues et à chaque maison des inscriptions latines de différentes époques.

Voici celle qui étoit sur la porte de mon logement :

D. M. S.
CASIVS
VICTORINVS
RETIARIVS. AN
XXXV H. S. E. S. T. T. L.
ANTONIA SEVERA
F. C.

Par les soins du général Regnier, commandant le deuxième corps, qui aimoit et protégeoit les beaux-arts, on avoit recueilli à Merida et dans les environs, beaucoup de débris de statues et divers objets curieux. Je ne sais ce qu'ils sont devenus.

premier coup de sabre. Deux cents morts restèrent dans les champs voisins de la Roca, et nous ramenâmes 300 prisonniers. Après cette expédition, nous marchâmes vers le petit fort de Zagala, situé près d'Albuquerque. L'ennemi l'évacua à notre approche.

Le 24, la cavalerie légère aux ordres du général Soult, et notre division de dragons se portèrent sur Cacerès, où existoit un fort rassemblement de paysans armés. Ceux-ci, instruits de notre mouvement, se dispersèrent aux environs d'Aliseda. Nous parcourûmes huit lieues de pays sans trouver de champ cultivé ; nous ne vîmes que des espèces de bivouacs de paysans et quelques abris de bergers. La terre étoit couverte de bruyères, on n'apercevoit au loin que la couleur triste et monotone de cette plante, et le ciel, jusqu'aux extrémités de l'horizon le plus étendu (1). Nous entrâmes dans Ca-

---

(1) Nous vîmes en certains endroits des fragmens de la route romaine, qui existoit entre Cacerès et

cerès(1), qui est bâti au pied d'une montagne. Après Merida c'étoit la ville la plus considérable de l'ancienne Lusitanie ; sa position est agréable : il y a beaucoup de noblesse ; on y voit de beaux hôtels : à la construction de plusieurs et à la distribution des appartemens, on reconnoît l'élégant travail des Maures, qui ont occupé longtemps ce pays.

Pendant le séjour de la division à Cacerès, mon régiment fut envoyé à Casar de Cacerès, qui en est éloigné de quatre lieues. Cette petite ville contient à peu près quatre mille habitans. Ils ont tous une profession, et s'adonnent à divers genres de métiers. On est étonné de voir une activité

Merida, et plusieurs colonnes milliaires, dont les inscriptions sont effacées.

(1) Cacerès étoit le *Castra Cœcilia* des Romains. On y trouve par-tout des ruines et des inscriptions.

On voit sur la place, près de la Maison de Ville, une statue antique, de marbre, que l'on croit représenter l'*Abondance* : elle a la tête couverte d'un voile, et tient dans sa main gauche une corne d'abondance.

continuelle régner dans cette ville, tandis que tous les Espagnols sont du caractère le plus indolent. Si ce n'étoit le langage, on se croiroit transporté en Allemagne. Dans cette petite république, où l'égalité des conditions est la base de leurs institutions, on n'admet aucune distinction particulière. Les vêtemens, la manière de vivre, tout y est d'une uniformité que n'altère pas une plus grande aisance. Cette rigidité est poussée si loin, qu'on ne permet pas même une épitaphe sur le tombeau d'un habitant qui se seroit rendu célèbre.

Nous rentrâmes à Merida, pour aller faire une reconnoissance sur Badajos, qui en est à sept lieues. Parvenus à Talavera-del-Rey, le général Regnier y laissa une division d'infanterie. Avec sa cavalerie, et quatre compagnies de voltigeurs, il s'approcha de Badajos. Cette ville est bâtie sur la rive gauche de la Guadiana. On communique au fort Saint-Christophe, qui défend la rive droite, par un beau pont. L'ennemi fut jeté dans la place par notre cavalerie légère; elle s'empara des bestiaux qui paissoient sur les bords du fleuve. Après avoir passé la journée devant la place, l'armée se dirigea, le 13 mai, vers Zafra (1); elle fit halte, pendant quelques heures, devant le petit village d'Albuera, sur la route de Séville. Nous entendîmes delà une forte canonnade, dans la direction d'Elvas, forteresse portugaise, et nous apprîmes que c'étoit pour célébrer l'anniversaire de notre sortie du Portugal.

Notre division bivouaqua à Santa-Martha. Près de ce village, s'élève, sur une montagne, le fort de Feria, que les Espagnols avoient abandonné; on y laissa un bataillon du 36e régiment, et l'armée continua sa route sur Zafra. La 5e division de dragons, qui avoit marché vers Olivença, rencontra, à la hauteur de Zafra, un fort parti ennemi; elle le culbuta, il se retira en désordre sur Xerès de Los-Caballe-

---

(1) Zafra étoit déjà connu sous les Romains : on y voit des ruines et des inscriptions.

ros (1). Après avoir dispersé les divers rassemblemens qui s'étoient formés dans cette province, nous reprîmes le chemin de Merida. Mon régiment campa devant Arroyo de San-Servan, au pied d'une montagne. De son sommet, qui est très-élevé, on aperçoit une grande partie de l'Estramadure, et les villes de Zafra, Medellin, Badajos, Elvas, Albuquerque, Alcantara, Merida, etc. etc. Les Romains avoient, près du village d'Alhange, où nous allions souvent chercher des vivres, des eaux minérales très-renommées. On y voit des ruines de leurs bains, et l'inscription suivante:

JUNONI. REGINAE.
SACRUM
LIC. SERENIANUS. V. C. ET
VARINIA.... ACCINA. C. I.
PRO. SALUTE. FILIAE. SUAE.
VARINIAE. SERENAE
DICAVERUNT.

---

(1) Ainsi appelé parce que Ferdinand III le donna aux chevaliers du Temple.

Pendant tout le mois de juin, on nous tint en haleine, par des marches continuelles : avec très-peu de monde, le général Regnier sut se maintenir en Estramadure, menaçant tantôt Badajos, tantôt le corps du général Hill, et se portant à l'improviste sur tous les points où l'insurrection formoit des partis, qu'il détruisoit avant qu'ils ne fussent organisés. L'armée se ressentit de cette sage prévoyance : nous vivions très-bien dans nos courses, et le soldat, jamais oisif, ne songeoit qu'à son métier.

Napoléon, qui, au retour de la campagne de 1809, avoit promis au Sénat de planter ses aigles sur les tours de Lisbonne, venoit d'envoyer le prince d'Essling pour envahir le Portugal, avec une armée de près de 80,000 combattans; il avoit sous ses ordres les corps du maréchal Ney, et des généraux Junot et Regnier. Le 5 juillet, comme nous étions en reconnoissance vers Alconetar, sur le Tage (1), un aide-de-

(1) Allant de Casar de Cacerès à Alconetar, on

camp du maréchal Massena vint apporter au 2e corps l'ordre de passer le Tage, et de marcher vers Ciudad-Rodrigo, dont on faisoit le siége. Cette place, et Almeida, tombèrent en notre pouvoir, et l'armée entra en Portugal.

Le maréchal Soult, employant le système des colonnes mobiles, étoit parvenu à pacifier les plaines d'Andalousie. Ayant besoin de cavalerie pour occuper la Manche, et établir la communication du Tage à la Sierra-Morena, il obtint que notre division fût distraite du 2e corps; elle se mit en marche le 15 juillet, quittant les environs de Cacerès, pour se rendre à cette destination.

Le 16 juillet, la division coucha à Torremocha et à Montanches; ce dernier en-

---

trouve souvent des fragmens de la voie militaire des Romains, qui conduisoit de Salamanque à Merida. On voit à Alconetar les ruines d'un superbe pont construit par ce peuple; il en reste quatre arches et plusieurs piles. On passe maintenant le Tage en bac près de ces ruines.

droit est situé sur une montagne assez élevée, qui produit du vin exquis, renommé dans toute la province. On y voit des ruines maures; la rive droite de la Guadiana, que nous avions parcourue en tous les sens, est en général stérile, mal cultivée, ou couverte de bruyères; les voisinages d'Albuquerque, de Cacerès et d'Aliseda offrent l'image d'un désert, tandis que la rive gauche présente des sites charmans, et les campagnes fertiles de Merida, d'Almendralejo et de Villa-Franca. Cependant, il se formoit de forts rassemblemens dans les montagnes de Deleytosa et de Guadelupe : nous reçûmes ordre de traverser ce pays, pour nous rendre dans la Manche. Nous trouvâmes Truxillo désert; le manque de subsistances avoit forcé les habitans de se répandre dans les villages éloignés de la route. Nous entrâmes dans la chaîne de montagnes qui sépare l'Estramadure de la province de Tolède; les chemins étoient affreux, et en plusieurs endroits, inaccessibles à la cavalerie : nous fîmes quelques lieues sur une route que les Anglais avoient pratiquée dans le mois d'août 1809, après la bataille de Talavera, lorsqu'ils se portèrent sur Merida. Nous passâmes l'Ibor, qui se jette dans le Tage, près d'Almaraz : arrivés sur le sommet d'une montagne fort élevée, nous eûmes à descendre une pente si rapide, que même en tenant nos chevaux par la bride, avec la plus grande précaution, nous ne pûmes éviter qu'il n'en tombât dans des précipices, où roule la Gualeja : les premiers dragons parvenus dans la vallée, et qui se désaltéroient en passant la rivière, sembloient des pygmées à ceux qui étoient encore sur le haut de la montagne. La chaleur étoit insupportable ; nous en souffrîmes toute la journée. Près du village de Burgisa, un attroupement de paysans fut chargé et dispersé, et on détruisit beaucoup d'armes; les fuyards gagnèrent la petite ville de Guadelupe, renommée par son pélerinage en l'honneur de la Vierge. On trouve, dans ses environs, des rochers de granit, des carrières de beau marbre, et des mines d'argent, de cuivre et de plomb. Nous arrivâmes à onze heures du soir, bien fatigués, à Peraleda de Garbin, où nous bivouaquâmes; ce village n'avoit pas un seul habitant : la haine multiplioit les solitudes.

Aux environs d'Aldea-Nueva, on est sorti des hautes montagnes; l'horizon moins borné, laisse voir une plaine qui se prolonge jusqu'au Tage. Notre brigade arriva le 20 juillet à Naval-Moral de Puza, lorsque 1600 Espagnols, commandés par le brigadier don Isidoro, venoient d'en sortir. Nous poursuivîmes son arrière-garde dans la direction d'Espinosa. Je trouvai, à Naval-Moral de Puza, le fameux manifeste, publié en novembre 1809 par l'évêque de Laodicée, président de la Junte de Séville, au sujet de la paix avec l'Autriche. Cette pièce est pleine de force et de beaux mouvemens oratoires. Comme elle est fort peu connue, j'ai pensé que, quoique très-longue, elle ne seroit pas déplacée dans cet ouvrage (1).

---

(1) Espagnols! Nos ennemis annoncent, comme certaine, leur paix avec l'Allemagne; et le concours des circonstances qui viennent à l'appui de cette nouvelle, lui donne un caractère d'authenticité, tel qu'il

En entrant dans les plaines de la province de Tolède, nous renouvelâmes la

---

est désormais bien difficile, et même impossible d'en douter. Ils nous menacent déjà de puissans renforts, qu'ils supposent en marche pour achever notre ruine. Plus présomptueux et plus fiers depuis leurs succès dans le nord, ils osent en *appeler à notre cœur*, qu'ils croient peut-être accessible à la bassesse; et, dans leur hypocrite humanité, ils nous engagent à implorer la clémence du vainqueur, et à courber nos têtes sous le joug pour les soustraire au glaive. Insolence inouie, outrage sans exemple, que la postérité refusera de croire, malgré les monumens qui en parviendront jusqu'à elle. Et ces barbares ne rougissent pas de nous imputer les maux que leur injuste agression a fait fondre sur notre malheureux pays! Ils nous rendent responsables de tous ceux où ils vont encore le précipiter, si nous prolongeons notre résistance!... Mais depuis quand accuse-t-on la victime innocente de la férocité du sacrificateur inhumain? Ils ont bien vîte oublié, ces odieux déclamateurs, et l'époque et le prétexte de leur invasion, et quels postes leurs armées occupèrent, et quel fut le signal des combats dont elles ont ensanglanté l'Espagne, et cette longue suite d'atrocités inutiles dont ils ont rassasié leur inventive barbarie!....... Ces cœurs dépravés, dont la foiblesse n'est que lâcheté, la force, que cruauté, croient-ils que les cœurs espagnols abandonnent leurs

remarque de l'influence de la position géographique sur les mœurs des habitans;

---

nobles et légitimes espérances, parce que tout appui paroît leur manquer? Notre vertu leur a-t-elle donc semblé si facile à décourager. La fortune nous oppose des obstacles redoublés; nous redoublerons nos efforts. Les travaux et les périls augmentent; notre gloire en augmentera d'autant. Non, non, esclaves du tyran, laissez-là tous ces vains sophismes, ils ne séduisent personne. Dites-le franchement : « Parce » que nous nous croyons les plus forts, nous voulons » être les plus injustes des hommes. » Cet horrible langage est du moins conséquent, et nous le comprendrons; mais c'est en vain que vous vous épuisez en spécieux argumens : nous ne croirons jamais que l'oubli de nos droits et de nos devoirs soit sagesse. La lâcheté ne sera jamais prudence à nos yeux. Votre machiavélisme nous a placés entre l'ignominie et la mort. Dans cette situation cruelle, à quoi pensez-vous que se décide une nation généreuse? est-il pour elle d'autre parti que de verser jusqu'à la dernière goutte de son sang, plutôt que de se déshonorer par une basse soumission? Meurtres, pillages, dévastations......., n'épargnez aucuns crimes. Depuis vingt mois, vos bras ne sont pas encore fatigués de tant d'horreurs. Quels fruits en avez-vous retirés? vous le savez!...... Elles le savent aussi, ces provinces, théâtres de vos fureurs; ces provinces qui vous

ceux-ci, quoique nos ennemis irréconciliables, comme tout ce qui étoit Espagnol,

---

jurent incessamment une vengeance éternelle; ces provinces, dont l'invincible inimitié ne fait que s'enflammer de plus en plus à vos brandons destructeurs...

Nous, céder!..... C'est au peuple de la terre le plus idolâtre de l'honneur que l'on ose donner cet indigne conseil. Les pages de notre histoire sont pures, nous n'y laisserons pas inscrire, qu'après des efforts si miraculeux, et de si incroyables succès, nous nous sommes courbés devant l'esclave couronné que Buonaparte voudroit nous imposer! et pourquoi? pour que, du sein de ses orgies sacriléges, voluptueusement assis au milieu de ses vils complaisans et de ses impures courtisanes, il désigne, d'un doigt homicide, les temples qu'il veut voir la proie des flammes: les antiques héritages dont il prétend récompenser ses odieux satellites; les vierges et les épouses que ses ministres vont enlever à leurs familles pour en peupler son sérail criminel; les jeunes gens qu'il s'est engagé à envoyer en tribut au minotaure français.... Non, il n'est pas fait pour nous commander, cet homme incapable et nul, fier du faux nom de philosophe, qui permet tant d'atrocités inouies, commises chaque jour en son nom, et sous ses yeux, et bravant le mépris de ses soldats, s'obstine à régner, au prix de leur sang, sur des hommes dont il n'obtiendra jamais que la haine.

étoient restés la plupart dans leurs de-

Et ne pensez pas, braves Espagnols, que la Junte se serve ici de paroles artificieuses pour électriser vos courages. Les faits parlent d'eux-mêmes, et avec bien plus d'énergie que ne le pourroit faire toute l'éloquence humaine. Voyez vos maisons démolies, vos temples abîmés, vos campagnes désolées, vos familles errantes et dispersées dans les montagnes, et précipitées en foule dans le tombeau!...... Tant de sacrifices seroient inutiles; le feu de la guerre auroit consumé la moitié de l'Espagne, pour que nous abandonnions l'autre moitié à une paix plus funeste encore que cette funeste guerre! car nous ne nous laissons pas séduire par l'appât des prétendus bienfaits que les Français nous promettent avec tant d'emphase; eux, qui ne nous apporteront jamais que l'esclavage et la mort. Le barbare qui les conduit a décrété: L'Espagne n'a ni industrie, ni commerce, ni colonies, ni population, ni représentation politique. C'est un immense pâturage, où de nombreux troupeaux abondamment nourris prodigueroient à la France leurs toisons précieuses; une vaste pépinière destinée à alimenter les feux dont elle couvrit l'Univers. Misère, ruine, dévastation, voilà le sort que l'on prépare au pays que le ciel semble avoir pris plaisir à favoriser. Et quand même nous serions assez indifférens pour sacrifier de si précieux intérêts, pourrions-nous consentir à la ruine totale de la divine religion

meures et nous accueilloient assez bien,

---

dans laquelle nous sommes nés, et que, dans tous les actes de notre vie publique et privée, nous avons juré de maintenir? Pourrions-nous abandonner la cause du ciel à l'athéisme de ces montagnards frénétiques? Et la Nation Espagnole, connue par sa piété si pure, cesseroit-elle de combattre pour ces saints autels, que pendant sept siècles, et dans mille et mille combats, nos ancêtres défendirent contre l'impie férocité du Sarrasin. Si telle étoit notre lâcheté, vous verriez les victimes de cette mémorable guerre élever, du fond du sépulcre, une tête accusatrice, et vous dire : « Ingrats, voilà donc le prix de nos sacrifices : c'est » donc ainsi, perfides, que vous avez prodigué notre » sang? » Non, héros de la patrie, rentrez dans la paix du tombeau; que cette crainte ne trouble pas le repos de vos cendres. Votre glorieux exemple nous apprit notre premier devoir. Nous sommes bien convaincus que la paix n'est pas derrière nous, mais qu'elle est devant nous. A force de combats et de travaux, à force de valeur et d'audace, nous devons obtenir enfin cette heureuse tranquillité que les barbares nous ont enlevée. Craindrions-nous la mort? d'autres, avant nous, l'ont trouvée : ils ont scellé de leur sang le noble serment auquel nous avons toujours juré de demeurer fidèles. Qui nous a dégagés? Qui a rompu cette alliance de gloire et de périls que nous avons tous contractée? Notre patrie est dévas-

tandis que ceux des montagnes de l'Es-

---

tée; on nous insulte; on nous regarde comme un vil troupeau que l'on vend, que l'on achète, et que l'on égorge quand on veut. Notre roi!.......... A ce nom, nobles Espagnols, vous sentez bouillonner dans vos cœurs l'ardeur et l'énergie qui conduisent à la victoire. Rappelez-vous les vils moyens que l'exécrable usurpateur employa pour l'arracher de vos bras. Il se dit son allié, *son protecteur*, son ami; il lui donna le baiser de paix, et ses perfides embrassemens sont les étreintes dans lesquelles le serpent enchaîne son innocente victime, et l'entraîne dans son antre. Une semblable perfidie, dont la civilisation moderne ne donne aucun exemple, et qui semble presque inconnue aux barbares, étoit réservée pour la perte de notre roi. Il gémit dans la solitude et dans les fers, dévoré d'ennui, entouré de satellites inquisiteurs; l'objet idolâtre de vos espérances, celui que vous destiniez à la gloire du trône, et qui devoit s'y asseoir avec la justice et la bienfaisance; voyez-le tourner à chaque instant ses yeux affligés vers sa patrie, seule mère que le malheureux ait connu. Ecoutez sa triste voix : il implore la valeur espagnole; il vous demande ou la liberté ou la vengeance. Il n'y a pas de paix; il ne peut y en avoir tant que la face des affaires n'aura pas changé. Que l'Espagne soit libre! tel fut alors le vœu universel. Que l'Espagne soit libre! tel est aujourd'hui le vœu national. Si

tramadure, que nous quittions, ne nous

---

elle ne peut l'accomplir, qu'elle devienne au moins un vaste désert, un large tombeau, où les cadavres français et espagnols entassés pêle-mêle, attesteront aux siècles futurs, et notre héroïsme et le châtiment de nos oppresseurs.

Mais la fortune n'est pas si ennemie de la vertu, qu'elle ne laisse à ses défenseurs que cette fatale extrémité. Il est écrit dans le ciel, et l'histoire des nations nous l'atteste, que le peuple vraiment ami de la liberté finit par conquérir son indépendance, malgré les ruses et la violence de la tyrannie. La victoire, qui si souvent est un présent du sort, est tôt ou tard le prix de la constance. Qui défendit les petites républiques de la Grèce contre l'invasion de Xercès? qui releva le Capitole renversé par les Gaulois? qui en détourna les foudres d'Annibal? qui, dans des temps plus rapprochés, délivra la Suisse de la tyrannie germanique? et qui donna l'indépendance à la Hollande, malgré les forces de nos aïeux? qui, enfin, inspire aujourd'hui au peuple Tyrolien son héroïque résolution? Entouré d'ennemis, dénué de secours, il n'écoute que son horreur pour le tyran; et les arbres et les rochers qu'il arrache aux montagnes sont pour lui des armes irrésistibles, dont il accable les bataillons du vainqueur de Dantzick. Suivons sans crainte un si bel exemple : notre situation est la même; la même ardeur nous anime, les mêmes espé-

avoient vu qu'au bout de leurs fusils. Cette

---

rances doivent nous encourager. Le Dieu des armées nous couvrira de ses ailes; et satisfait de la constance avec laquelle nous avons bravé tous les périls, il nous conduira, à travers les écueils et les orages, au port de l'indépendance.

Espagnols! la Junte vous fait franchement cette déclaration, parce qu'elle ne veut pas vous laisser ignorer un moment le nouveau danger qui vous menace; elle vous l'annonce, dans l'espoir que bien loin de vous laisser abattre, comme nos ennemis s'y attendent, vous allez déployer de nouvelles forces, et vous rendre encore plus dignes de la cause que vous défendez, et de l'admiration de l'Univers : elle vous l'annonce, parce que saintement engagés à sauver l'Etat, et assurés que le vœu unanime des Espagnols est d'être libres, à quelque prix que ce soit, nous ne manquerons d'employer, pour chasser l'ennemi, aucune ressource, aucun moyen, quelque violent, quelque extraordinaire qu'il soit. Nul privilége ne pourra dispenser de voler au secours de la patrie. Dans une tempête, on jette tous les trésors à la mer pour alléger le vaisseau, et le sauver du naufrage. Pour franchir des torrens de feu, pour échapper à l'incendie, on abandonne à la voracité des flammes et les meubles les plus précieux et les plus riches habits. Voilà l'image frappante de notre position. Un vaste incendie consume la patrie; le vaisseau de l'Etat

province a bien peu d'habitans par rap-

---

fait naufrage : forces, richesses, vies, sagesse, talens, tout ce que nous avons lui appartient; et nous pourrions balancer un moment à tout mettre à ses pieds pour son salut et sa gloire. Périsse l'égoïste vil, qui transige avec son devoir, et dérobe à la défense de ses frères ce qu'ils réclament de lui! Périsse mille fois le pervers qui abuse, par intérêt personnel, du désintéressement général! l'Etat les poursuivra comme traîtres; et là où ne s'allumera pas le feu de l'enthousiasme, nous porterons la faux de la terreur. Eh quoi! notre ennemi n'épargne rien pour nous dompter, et nous n'emploierions pas tous les moyens pour nous défendre. Il y a des provinces qui ont su chasser l'ennemi de leur sein; et celles que le ciel a préservées d'un si terrible fléau n'exposeroient pas tout pour s'en garantir! Nos braves soldats, en proie à l'inclémence de l'air, au milieu des glaces de l'hiver et des ardeurs de l'été, manquant même du nécessaire, ont soutenu deux campagnes, affronté les hasards et la mort dans cent batailles, et se préparent à en livrer encore de nouvelles, sans se laisser intimider, ni par le nombre, ni par l'habileté, ni par la fortune des ennemis; et nous, tranquilles dans nos foyers, dont leur héroïque dévouement, et leurs étonnans travaux nous ont garanti la sûreté, nous aspirerions à conserver nos trésors; nous ne consentirions pas même à retrancher la plus légère superfluité de notre luxe.

port à son étendue : on attribue sa dépo-

La victoire est à nous ; à nous ; si, jusqu'à la fin de cette glorieuse entreprise, nous savons conserver cet enthousiasme sublime qui nous la fit commencer. Des efforts de tous, des sacrifices de tous, doit se former cette masse colossale que nous opposerons au choc de notre ennemi. Qu'importe alors qu'il déchaîne contre nous des légions devenues inutiles en Allemagne, ou l'essaim de conscrits qu'il veut arracher à la France? Nous commençâmes la guerre avec moins de 80,000 hommes ; il en avoit plus de 200,000 : qu'il les rétablisse, s'il le peut; qu'il les envoie, ou plutôt qu'il les traîne à cette région de la mort, non moins funeste aux oppresseurs qu'aux opprimés. Pour nous, ajoutant à l'expérience de deux campagnes, les forces du désespoir et de la rage, nous préparons à ces phalanges de brigands le même sort qu'aux premières; et nos campagnes engraissées de leur sang, nous paieront avec usure les fruits qu'ils nous ont ravis.

Si les princes du nord, oubliant et leurs droits et leur pouvoir, consentent à rester esclaves du nouveau Tamerlan; si retardant de quelques heures leur inévitable destruction, ils achètent à si grand prix leur tranquillité d'un moment, que nous importe, à nous qui sommes un grand peuple déterminé à vaincre ou à périr? Lorsqu'il y a vingt mois, nous avons rejeté le joug appesanti sur nos fronts, avons-nous

pulation à l'expulsion des Maures, et aux

été leur demander leur consentement? Ne sommes-nous pas entrés seuls dans la lice? seuls, n'avons-nous pas soutenu une campagne? L'Europe, en l'apprenant, refusa de le croire. Quand elle vit, elle pensoit que ce n'étoit qu'un feu léger, qui, demain, s'évanouiroit en fumée. Et aujourd'hui, qu'elle considère les effets de notre constance magnanime, au milieu des revers qui nous ont accablés, elle la regarde avec étonnement, comme un phénomène unique dans l'ordre politique. Qu'elle continue à nous payer le tribut d'admiration qu'elle nous doit, ou, si elle le veut, de terreur. Chacun des appuis nécessaires à notre défense ne nous manquera; chaque jour resserre davantage notre union avec l'Amérique, dont les secours généreux mériteront toujours la reconnoissance de la Métropole; c'est dans son zèle et dans sa loyauté que nous plaçons une partie de nos espérances. Elle dure aussi; elle durera long-temps, l'alliance que nous avons faite avec la nation Britannique; qui, prodiguant pour nous son sang et ses trésors, s'est acquis des droits éternels à notre gratitude et à celle de tous les siècles. Que les machinations de l'intrigue, et les suggestions de la crainte agissent dans les gouvernemens foibles ou dans les cabinets corrompus; que l'on fabrique des traités illusoires pour celui qui les impose, honteux pour celui qui les reçoit; que ces grands potentats sacri-

émigrations successives des Estramaduriens qui voulurent suivre le chemin de la fortune ouvert par leurs compatriotes Fernand-Cortès et les Pizarres (1).

---

fient la cause des nations civilisées, et délaissent inhumainement leurs alliés; que nous importe? Le peuple Espagnol restera seul debout, au milieu des ruines européennes. C'est ici que la vengeance a levé contre l'exécrable tyran son juste glaive, qu'elle ne déposera que teint de son sang. C'est ici que combattent la justice et l'indépendance. Venez tous vous ranger sous ses étendards, vous, qui ne voulez pas vous soumettre au joug insupportable qui pèse sur l'Europe; vous, qui rejetez toute alliance avec l'iniquité, et qui vous indignez du funeste abandon de vos Princes trompés : accourez parmi nous! Ici, le brave trouvera mille occasions de se couvrir de gloire; ici, la sagesse èt la vertu recevront des hommages; les infortunés y trouveront un asile. Notre cause est une; la récompense est une. Venez, et malgré tous les artifices et tout le pouvoir du despote inhumain, vous verrez quels efforts nous opposons à sa fortune, et comme nous savons faire notre destinée.

(1) L'Estramadure est une des provinces les plus considérables du royaume; elle a près de cinquante lieues du nord au sud, et de quarante de l'est à l'ouest; on n'y compte cependant guères plus de quatre cent

Deux régimens de la division s'établirent à Ajofrin, gros bourg dans une contrée fertile et bien cultivée, près d'Almonacid, dont on découvre le château. Le 28 juillet, la division marcha sur Mançanarez, dans la Manche; elle traversa Mora, près duquel on voit les ruines d'un fort, bâti

---

mille habitans, tandis que, du temps des Romains, la seule ville de Merida et son territoire en contenoit davantage. La terrible peste de 1348, la découverte du Nouveau-Monde, et l'expulsion des Maures et des Juifs en ont fait un vaste désert sans culture. Sous les Romains et sous les Maures l'Estramadure étoit un jardin délicieux, percé d'une infinité de belles routes, et arrosé par plusieurs rivières, dont deux étoient navigables (le Tage et la Guadiana).

Les ruines que l'on trouve à *Merida*, à *Truxillo*, à *Badajas*, à *Cacerès*, à *Placentia*, à *Caparra*, à *Carcaboso*, à *Coria*, à *Banos-Allerena*, à *Talavera de Lavieja*, etc., attestent la prédilection qu'avoient les vainqueurs du Monde, pour les bords délicieux du Tage et de l'*Anas*. Elle fut encouragée par plusieurs empereurs romains, qui étoient Espagnols, tels que Trajan, Adrien et Marc-Aurèle, tous célèbres par leur amour pour les arts, et qui se plurent à embellir leur pays de superbes monumens.

par les Maures : il défendoit le pays entre le Tage et la Guadiana, et fut souvent pris et repris par les rois de Castille et les souverains arabes de l'Andalousie. Sur presque toutes les hauteurs, jusqu'à la Sierra-Morena, on aperçoit de semblables vestiges; les Arabes avoient eu besoin, comme nous, pour conserver leur conquête, d'établir des garnisons qui faisoient des excursions dans le pays: c'étoit le plus souvent sur les mêmes points que se plaçoient nos postes de correspondance; ils relevoient les murs écroulés, creusoient des fossés, s'entouroient de palissades, et se mettoient ainsi à l'abri des Guerillas sans cesse attachés à leur destruction.

Après avoir passé la chaîne des montagnes de Mora, nous arrivâmes à Consuegra, où il y a un vaste château, sur une hauteur qui domine la ville. Après quelques heures de repos, la division alla coucher à Madridejos, gros bourg sur la route de Madrid, par Aranjues: c'étoit le point de réunion de la bande d'un nommé Francisquette, qui regardoit ce lieu comme sa garnison; aussi les habitans se ressentoient du séjour de pareils hôtes; ils ajoutoient à la fierté espagnole, l'arrogance que leur donnoient les succès fréquens de leur protecteur; ils auroient, je crois, fait un mauvais parti à une troupe moins forte que la nôtre: c'est delà et des villages voisins que partit le signal qui fit égorger, en juin 1808, tous les malades que le général Dupont avoit laissés sur la route de Tolède à la Sierra-Morena.

Le 30 juillet nous arrivâmes à Villa-Rubia, située auprès d'une chaîne de montagnes; nous passâmes à Puerto-Lapice, sur la route de Séville, où, d'après l'ingénieuse fiction de Cervantes, Don-Quichotte termina les terribles aventures du Biscaïen et des deux moines de Saint-Benoît. Nous y trouvâmes une mauvaise auberge dont les Français avoient fait un fort, où ils avoient mis une garnison de quatre-vingts hommes: le héros de la Manche auroit bien pu y voir cette fois des fossés, un pont-levis et des créneaux; car on l'avoit fortifiée avec beaucoup de soin.

Nous étions accablés de lassitude et de chaleur quand nous arrivâmes à Villa-Rubia; nous trouvâmes heureusement une *botilleria* bien pourvue, et nous pûmes nous désaltérer (1).

Après avoir passé Puerto-Lapice on entre dans une plaine immense : à un éloignement de plusieurs lieues on aperçoit les clochers de différens villages, semblables aux mâts de vaisseaux en pleine mer, de vastes marais, et à l'extrémité de l'horizon, les sommets couverts de neige de la Sierra-Morena.

Au sortir de Villa-Rubia, nous traversâmes les marais appelés *Ojos de la Guadiana;* le fleuve de ce nom prend sa source dans les montagnes d'Alcaraz, près de Ruydera; il se perd ensuite dans des prairies

---

(1) Dans presque tous les villages d'Espagne il existe une espèce de cabaret appele *botilleria*, où l'on trouve toujours de l'orgeat et de la limonade à la glace, ainsi que du sucre très-spongieux qu'on fait dissoudre dans de l'eau fraîche : il s'appelle *rosado*; et les Espagnols en sont très-friands.

aux environs de Castillo de Cervera, et après avoir coulé sous terre l'espace de cinq lieues, reparoît et forme les marais appelés *Ojos de la Guadiana;* aussi les habitans de la Manche, disent avec l'assurance de l'hyperbole méridionale, qu'ils ont dans leur province le pont le plus long qui existe au monde : les vapeurs qui s'élèvent de ces eaux stagnantes et des plantes aquatiques desséchées exhalent une odeur insupportable. Quoique la Guadiana reçoive dans son cours plusieurs rivières, elles ne peuvent corriger son origine insalubre et l'amertume de ses eaux.

On ne cultive que du seigle et de l'orge dans la plaine qui est entre Villa-Rubia, Daymiel et Mançanarez, mais près de cette ville on voit beaucoup de vignes et d'oliviers dans le même champ; ceux-ci sont plantés entre deux sillons et sont taillés à une certaine hauteur pour que leur ombrage ne nuise pas au raisin. Le 19e régiment de dragons resta à Mançanarez et les autres régimens occupèrent Almagro, Ciudad-Real, Infantes et Val de Penas. C'est dans ce dernier endroit que l'on récolte le meilleur vin de la Manche.

Quoique logés chez les habitans, nous n'avions pas beaucoup de relations avec eux, nous recevions nos vivres et nous mangions à part : tandis qu'il nous falloit plusieurs mets et du vin, ils ne vivoient que de *garbansos* (1) et de tomates, et ne buvoient que de l'eau, encore est-elle si mauvaise qu'ils sont obligés de la purifier; ils la font rafraîchir dans des jarres de grès qu'ils exposent entre deux courans d'air.

De toutes les habitudes des Espagnols, celle que nous avions contractée le plus généralement étoit la sieste, qui convenoit parfaitement à notre vie oisive. La sieste est nécessaire dans les climats chauds pour réparer les forces qu'épuise une atmosphère brûlante. Chez la plupart des gens riches on trouve une cousinière pour se garantir des insectes dont ce pays abonde : à l'entrée de la nuit, dès qu'un vent frais

(1) Espèce de pois.

venoit tempérer cette chaleur insuportable, chaque famille sortoit de sa demeure : les femmes assises à l'orientale sur des nattes (1), placées devant leur porte, chantoient des seguidillas, les hommes les accompagnoient de leurs guitarres, tandis, que tous les enfans dansoient et jouoient des castagnettes. Je n'ai rien vu d'animé comme ce tableau : le son des instrumens, les accords de ces voix réunies, et la vivacité des mouvemens avoient une telle magie, qu'on étoit tenté de les imiter.

Dans ce pays éloigné des montagnes, la plupart des habitations sont bâties en terre et couvertes de paille ; elles ont presque toutes une cour où se trouvent des citernes ombragées d'orangers, de lauriers-rose et d'arbres odoriférans ; ces maisons n'ont qu'un étage, et, comme dans toute l'Espagne, les

---

(1) Cette coutume est presque généralement observée en Espagne dans les églises. On n'y voit pas de chaises, et une duchesse ou la femme d'un artisan sont assises également sur des nattes de jonc ou de palmier.

fenêtres y sont grillées, c'étoit à travers ce rempart que les femmes d'une certaine classe cédoient à leur curiosité en nous examinant sans être aperçues. Cette rigidité extérieure de mœurs, qui atteste le long séjour des Orientaux en Espagne, n'a pas pour principe une vertu sévère. Les Espagnoles sacrifient encore à un ancien préjugé, mais s'en dédommagent bien quand un étranger qui a su plaire a franchi le redoutable seuil de leur appartement; elles sont alors aimables comme des Françaises, tendres et sensibles comme des Allemandes.

Nous passâmes un mois à Mançanarez, faisant des incursions dans le pays pour courir après les Guerillas, ou pour escorter les convois de munitions destinés au siége de Cadix.

Je vis dans ces courses les belles mines de vif-argent d'Almaden, et la Sierra-Morena à Santa-Crux ; un escadron de mon régiment fut envoyé au Toboso pour faire rentrer des vivres; les noms de Don-Quichotte et de sa chaste maîtresse, répétés par nos soldats, faisoient sourire les habitans, accoutumés à ces plaisanteries depuis qu'ils voyoient des Français. Un maréchal-des-logis qui n'avoit vu dans cette fiction qu'une histoire véritable, demandoit très-sérieusement s'il existoit encore des descendans de Dulcinée.

Dans les intervalles de repos que nous donnoient nos expéditions, nous trouvions quelques délassemens à Mançanarez; il y eut des bals chez le Général commandant la division, et chez l'Intendant de la province: on faisoit succéder ainsi le plaisir aux combats, et souvent un officier commandé pour aller escorter un convoi, ou marcher sur quelques bandes de Guerillas, n'avoit que le temps de mettre ses bottes et de monter à cheval.

Le patriotisme des dames résiste peu, en général, aux attraits d'un bal; cependant nous n'avions de femmes que celles dont les maris tenoient des emplois de Joseph, ou celles que l'amabilité française entraînoit à son char. Il étoit convenu de les appeler du nom du possesseur, quoique l'amour seul eût scellé leur contrat, et nos autres

Espagnoles *libérales* ne s'offensoient pas de ce mélange. La pureté du ciel, la douce influence du climat, ou bien la tranquillité dont nous jouissions après nos courses, tout nous portoit aux tendres sentimens; la beauté étoit la déesse qui présidoit à Mançanarez : on la trouvoit chez les généraux, chez les colonels, et souvent même elle ne dédaignoit pas l'obscur manoir d'un officier subalterne dont elle partageoit les pénibles travaux ; mais la fidélité qui a si peu d'autels sur la terre, étoit bannie de notre cantonnement : la belle d'un riche garde-magasin ou d'un employé de Joseph, résistoit difficilement aux attaques de nos sous-lieutenans, accoutumés à brusquer une aventure galante comme ils enlevoient un poste à l'ennemi. Enfin, notre position entre Séville et Madrid entretenoit un échange rapide; l'amour et la variété, également chéris des Français, nous faisoient couler des jours heureux.

Il y a dans le faubourg de Mançanarez un vieux château qu'on réparoit, on y avoit ajouté quelques fortifications extérieures, et c'est-là où se retiroient les administrations de Joseph, lorsque nous allions faire nos expéditions. Le village de Membrillo, qui en est à une demi-lieue, avoit un escadron de garnison, retranché dans un couvent : malgré notre activité, les Guerillas ravageoient le pays et maltraitoient les villages, sous le prétexte de les punir de nous avoir envoyé des vivres; il falloit violenter les habitans pour leur faire accepter le titre d'Alcade : personne ne vouloit d'une autorité qui mettoit dans le cas d'être tracassé par les deux partis; quelquefois dans un même jour un Alcade recevoit, des Espagnols et des Français, l'avis qu'il seroit pendu s'il continuoit d'alimenter et de protéger ses adversaires (la circonstance étoit assez embarrassante); mais c'étoit toujours les Français dont les intérêts étoient sacrifiés.

Le maréchal Soult appela en Andalousie la 1re brigade de notre division, commandée par le général Digeon, et notre mauvaise étoile nous fit passer à l'armée du centre; notre brigade prit la route de Tolède, où elle arriva le 29 août, en passant par Puerto-Lapice, Consuegra et Mora.

La ville de Tolède est située sur la rive droite du Tage, qui l'entoure de toutes parts, excepté au nord; elle est bâtie en amphithéâtre sur un rocher que dominent cependant les montagnes de la rive gauche. Sous les rois Goths, elle contenoit plus de 150 mille habitans; à peine en renferme-t-elle 20 mille aujourd'hui. Les rues sont étroites et tortueuses, et souvent d'une pente très-rapide; on aperçoit en plusieurs endroits des blocs de rocher informes et d'autres coupés au niveau du sol, et qui servent de pavé. On y traverse le fleuve sur deux beaux ponts, celui de Saint-Martin et d'Alcantara; près de ce dernier on voit encore les ruines d'un ancien pont et de divers bâtimens mauresques, au nord de la ville le reste d'un cirque, d'un temple d'Hercule et d'un aqueduc bâti par les Romains.

L'Alcazar, ancienne habitation des rois Goths et Maures, occupe le point le plus élevé de la ville; il est de forme carrée, et construit en pierres de taille; l'architecture en est simple et majestueuse. C'est à Charles V que l'on doit la restauration de ce palais, que les incendies de 1710 et de 1809 ont presque détruit : il existe encore quelques statues et un bel escalier. Ce même lieu, que sous les rois Maures admiroit une Cour où régnoient la mollesse, les plaisirs et tout le luxe de l'Orient, est devenu un atelier où des misérables travaillent pour gagner leur vie, et un hôpital où la vieillesse et le malheur trouvent un refuge ; on doit ces pieuses fondations à un des derniers Archevêques de cette ville.

La cathédrale est remarquable par son ancienneté, qui remonte au 6e siècle, sous le roi Recarede, comme l'annonce une inscription qu'on lit dans le cloître. Il s'est tenu un grand nombre de conciles dans cette église, qui est un des plus anciens et des plus beaux monumens de l'architecture gothique; elle servit de mosquée après la prise de Tolède par les Maures, mais elle fut rendue au vrai culte lorsque le roi Alphonse VI chassa ces étrangers. La vaste étendue de ce vaisseau, la hauteur des voûtes et ses murailles noircies par la poussière de tant de siècles, font éprouver à l'ame un saisissement religieux dont on ne peut se défendre. Rien n'est plus majestueux que le chœur, où l'on voit près du maître-autel le tombeau de quatre rois de Castille, et celui du cardinal Mendoza. Les sculptures et les bas-reliefs qui ornent les stales et le pupitre, sont d'un goût admirable : parmi les différentes chapelles qui sont autour du chœur, on remarque celle où sont enterrés plusieurs rois de Castille, appelés nouveaux rois, et près de celle de la Sainte Vierge, le tombeau du cardinal Porto-Carrero, dont le génie et la souplesse triomphèrent de l'éloignement de Charles II pour la maison de Bourbon, et lui dictèrent le testament qui fit monter sur le trône d'Espagne le duc d'Anjou, petit-fils de Louis XIV.

Les chefs-d'œuvre de Rubens, de Vandyk et du Tintoret, abondent dans la sacristie, dans les chapelles, et des peintures à fresque, des meilleurs maîtres de l'école moderne, ornent le cloître et le passage qui conduit de la cathédrale à l'archevêché.

Plus de deux cent cinquante prêtres sont employés dans cette église, dont les trésors sont immenses; l'archevêque est primat du royaume, et jouit d'un revenu de plus de deux millions (1).

On voit sur les murs extérieurs de l'église de San-Juan de los Reyes, bâtie par Ferdinand et Isabelle, les chaînes des chrétiens délivrés après la prise de Grenade.

L'Université est très-célèbre, le beau bâtiment qu'elle occupe est d'une construction moderne, la façade est ornée de colonnes de granit; ce séjour des siences étoit devenu la caserne d'un bataillon, et ces mêmes voûtes qui n'avoient entendu que les sublimes leçons d'Aristote, de Leibnitz et de Newton, retentissoient des juremens de la soldatesque, ou de la voix rauque d'un

---

(1) L'archevêque de Braga prétend être le primat de toute la Peninsule, parce qu'après la prise de Tolède par les Maures, cette dignité fut conférée aux archevêques de Braga; mais ceux de Tolède rentrèrent en possession de leur ancien titre, lorsque cette ville fut reprise par les Chrétiens.

instructeur. On voit sur le bord du Tage une manufactnre d'armes estimée, elle a été restaurée par Charles III qui l'a agrandie; les lames qui en sortent sont d'une trempe excellente.

Non loin de cet établissement, se voit un endroit qui servoit de port aux grandes barques qui alloient de cette ville à Lisbonne. Ce fleuve n'est plus navigable maintenant; il est hérissé de rochers dans tout son cours.

Il y a beaucoup de moines à Tolède; la suppression des couvens, qui les avoit remis dans la société, sembloit en avoir encore augmenté le nombre; comme leur influence est très-grande sur l'esprit du peuple, ils nous avoient fait autant d'ennemis qu'il y avoit d'habitans; en sorte que nous avions à nous défier au dedans d'une population nombreuse, et à nous défendre au dehors des Guerillas qui venoient jusque dans les faubourgs, où ils prenoient tous les jours des soldats négligens qui n'avoient pas leurs armes.

Un officier de dragons qui, dans le mois de mai, s'étoit échappé du ponton *la Cas-*

tille, à l'ancre devant Cadix, nous joignit à Tolède. Il nous raconta tout ce qu'avoient soufferts les prisonniers français, qui étoient souvent plusieurs jours sans vivres et sans eau, et continuellement maltraités par leurs implacables ennemis.

« Le ponton *la Castille*, nous dit-il, étoit en rade à côté de l'amiral *Parvis*, à un quart de lieue de Cadix, et environ à une lieue de la côte occupée par les Français, qui assiégeoient cette ville; il contenoit environ 600 prisonniers, dont 500 officiers, qui, la plupart, appartenoient au corps du général Dupont, et auroient dû être rendus depuis long-temps à leur pays, si la Junte n'eût pas violé la capitulation de Baylen, faite le 20 juillet 1808, entre les généraux Dupont et Castanos. Privés des premiers besoins de la vie, entassés pêle-mêle dans un lieu si resserré et si mal sain, une captivité de près de deux ans nous étoit devenue insupportable; il ne se passoit presque pas de jours où nous n'inventassions, pour nous sauver, mille moyens, dont un moment de réflexion nous montroit l'accablante impossibilité de la réussite. Nous voulions nous sauver tous à la fois, et courir ensemble les mêmes dangers; car nous avions eu la douleur de voir fusiller plusieurs de nos camarades qui avoient tenté de s'échapper individuellement.

» N. Faurax, chef d'escadron au 10e de dragons, officier entreprenant et audacieux, proposa de profiter d'un gros-temps pour couper les câbles de nos ancres, et de se laisser aller en dérive sur la côte. Cette résolution hardie fut approuvée par le plus grand nombre; mais l'influence de quelques officiers supérieurs, qui s'y opposèrent hautement, en empêcha l'exécution.

» Cependant, nous ne pouvions espérer un temps plus favorable, car nous étions dans l'équinoxe, et les chaloupes ne pouvoient tenir la mer, qui étoit si mauvaise, que plusieurs vaisseaux anglais et espagnols périrent à nos yeux.

» Bientôt le calme revint, et avec lui le repentir; et chez plusieurs, la honte d'avoir arrêté l'exécution d'un projet qui nous avoit fait entrevoir notre prochaine délivrance. Nos maux alloient toujours en croissant, et nous n'avions que l'affreuse perspective de suivre, avant peu, nos camarades déjà partis pour les îles Canaries.

» Le 15 mai, le vent du sud-ouest souffla avec force; l'espérance renaît dans nos cœurs. Mais, cette fois, on ne balance pas, on n'écoute plus les conseils d'une timide prudence, et l'on décide, à la grande majorité, de couper les câbles à la marée montante.

» A neuf heures du soir, M. Bourac, officier de marine, et quatre soldats armés de haches, exécutent ce projet; le vaisseau s'éloigne. On s'empare aussitôt de l'officier et des quinze soldats espagnols qui formoient la garnison du ponton; on les désarme, et on les jette à fond de cale. Cependant une chaloupe, qui étoit en observation près de notre ponton, s'aperçut presque aussitôt de son mouvement, et lui en demanda la cause, au moyen d'un porte-voix. Nous forçâmes, sous peine de la vie, l'officier espagnol qui étoit en notre pouvoir, de répondre que les câbles venoient de se rompre. Comme le gros temps rendoit cet accident possible, et que d'ailleurs on ne soupçonnoit pas de révolte, la chaloupe mit toute la lenteur espagnole dans ses signaux aux embarcations voisines, et dans ses apprêts pour venir nous remorquer. Pendant ce temps, le ponton, poussé par un vent favorable et par la marée, dérivoit sur la côte. Quand la chaloupe arriva, nous étions tous rangés sur le pont et le long des sabords, armés de fusils enlevés à nos gardiens, de boulets et de gueuses, qui, auparavant, servoient de lest au vaisseau. Lorsqu'elle fut assez près, nous lui lançâmes, à la main, une volée de ces boulets, qui tuèrent quelques hommes. La chaloupe riposta par un coup de canon, continua de nous poursuivre, et de nous canonner de très-près; nous n'en aurions pas été quittes à si bon marché, si la nuit eût permis aux bâtimens stationnés dans la rade de nous apercevoir. Nous eûmes la douleur de voir mollir le vent pendant plus d'une heure, et le ponton ne dériva plus que lentement; alors, le découragement le plus complet succéda au noble enthousiasme qui nous avoit animés. Chacun craignoit de tomber entre les mains des Espagnols, et se reprochoit d'avoir contribué à cette téméraire entreprise. Mais le vent souffla de nouveau, et nous poussa dans la direction du rivage occupé par les Français. M. Faurax offrit alors de s'y rendre à la nage, pour faire part de notre position Il se jette à la mer, passe à travers les chaloupes ennemies sans être aperçu, et aborde à la côte. A une heure, le ponton échona, à quatre cents toises du fort de Matagorda. Cependant le jour nous montra à l'ennemi, qui put alors diriger ses coups. Nous fûmes assaillis par le feu d'une vingtaine de canonnières, et par celui des batteries espagnoles de la côte de Cadix. Qu'on se figure plus de cent cinquante pièces de canon dirigées sur un seul point, pendant plusieurs heures, et l'on jugera de notre cruelle situation. Cependant notre artillerie de Matagorda répondoit, avec supériorité, à celle du fort espagnol de Puntalès, et tiroit sur les canonnières ennemies; mais celles-ci, se plaçant derrière notre ponton, évitoient la majeure partie des boulets. Des bombes, lancées de Puntalès, mirent plusieurs fois le feu à notre ponton; nous l'étouffions aussitôt avec des matelas.

» Comme notre vaisseau prenoit quinze pieds d'eau, il y avoit encore soixante toises de l'endroit où il étoit échoué, jusqu'au rivage. Cette distance étoit impossible à franchir pour des gens qui ne savoient pas nager. Sans un prompt secours, nous n'avions que l'affreuse alternative d'être tués par le canon ennemi, brûlés par l'incendie du ponton, ou noyés, si nous nous jettions à la mer.

» M. Faurax, qu'un dévouement généreux avoit fait partir pendant la nuit pour instruire de notre position, revint à la nage à sept heures du matin, nous annoncer des embarcations; nous les aperçûmes, en effet, arrivant au galop, portées sur des affûts de canon, parce que la mer étoit trop mauvaise pour leur permettre de sortir de Rio-Guadalete, ou de Santi-Petri.

» L'espoir et la crainte partageoient tellement nos esprits agités, une catastrophe suivoit de si près une lueur d'espérance, que nos yeux ne pouvoient encore croire à notre bonheur. Tous vouloient se précipiter à la fois dans la première embarcation; plusieurs se noyèrent, victimes de leur imprudence; enfin, le débarquement s'opéra sous le feu le plus vif, et nous abordâmes tous à onze heures, n'ayant à regretter qu'une vingtaine de nos camarades, noyés ou tués dans le combat. Comme, à mesure qu'on s'embarquoit, on s'occupoit moins d'éteindre le feu que les bombes avoient mis au ponton, il fut bientôt consumé. »

Dans le mois d'octobre nous allâmes avec 300 chevaux débloquer le fort de Montbeltrau, situé dans les montagnes aux environs de Talavera : il étoit assiégé par plusieurs centaines de paysans. Après avoir parcouru les bords de l'Alberche, où se retiroient ordinairement les bandes de Guerillas, nous fîmes entrer des grains et des bestiaux dans Tolède, principalement une grande quantité de moutons : c'est la saison où ils viennent dans ces contrées. Les troupeaux, qui dans l'été paissent dans les montagnes de Castille, de Ségovie et de Cuença, arrivent aux approches de l'hiver dans les plaines de l'Estramadure, pour trouver des pâturages et un climat plus tempéré : on évalue le nombre de ces animaux à plusieurs millions appartenant à des Grands d'Espagne et à des riches propriétaires. Par un abus inconcevable, et que les lois ont sanctionné (1), ces moutons voyageurs, moyennant une médiocre rétribution, ont le droit de paître sur toutes les propriétés, et y commettent de grands ravages.

Pendant cinq mois que notre brigade resta à Tolède, elle fut constamment occupée à poursuivre les bandes du Medico, de Camille et de Francisquette. Nous leur livrâmes plusieurs combats dans lesquels les Espagnols furent battus, toutes les fois qu'ils

---

(1) Les lois de la Mesta.

nous attendirent en rase campagne. Comme leur but n'étoit pas de combattre, mais de tomber sur de foibles détachemens, ils nous évitoient dès qu'ils nous savoient en nombre. Il est peu d'horreurs dont les deux partis ne se soient souillés, les uns par une haine implacable, et les autres par représailles: les Guerillas l'emportoient sur nous par leur cruauté; dans le principe, ils ne faisoient aucun quartier; mais ensuite ils cédoient les prisonniers aux Anglais, pour des armes et des munitions. J'ai vu des convois entiers massacrés, des vivandières égorgées à côté de leurs maris, et des chirurgiens pendus à des arbres, après avoir été épargnés pour panser les blessés; aussi tout Espagnol, pris par nous les armes à la main, étoit fusillé, s'il n'avoit pas d'uniforme.

Pendant que nous purgions le pays aux environs de Tolède, le colonel de Reizet, avec le 13ᵉ régiment de dragons, occupoit Mora, protégeoit les convois jusqu'à la Sierra-Morena, et faisoit régner la tranquillité dans la Manche.

Dans le mois de décembre, la bande du Medico attaqua, près d'Illescas, un convoi qui venoit de Madrid; il étoit escorté par quatre-vingts grenadiers d'infanterie, qui se défendirent vaillamment: s'étant retranchés près d'une chapelle, ils avoient lassé la patience des assaillans, lorsque manquant de poudre ils eurent l'imprudence d'entrer dans le bâtiment, qui n'avoit qu'une seule issue; ces infortunés pensoient qu'ils vendroient chèrement leur vie, en se servant de leurs baïonnettes; ils n'avoient pas prévu qu'un danger plus grand que les coups de fusil les attendoit, et qu'on pouvoit incendier leur asile; en effet, les Espagnols ayant jeté des torches enflammées sur le toit, ces braves périrent dans les flammes et dans les rangs des ennemis, où ils allèrent chercher la mort: le chef d'escadron Labarthe, officier d'un grand mérite, qui commandoit ce convoi, fut tué dans cette malheureuse affaire, dont il ne revint pas un seul Français.

Pendant ce temps le siége de Cadix étoit poursuivi avec vigueur; un corps anglais fut complètement battu près de Malaga, et l'armée de Blake presque détruite à Baza, par le général Sébastiani; le maréchal Soult maintenoit la tranquillité dans les plaines de l'Andalousie, et faisoit de fréquens détachemens pour contenir l'esprit turbulent des montagnards des Alpuxarras. Le maréchal Masséna n'étoit pas aussi heureux en Portugal devant les lignes anglaises de Torres-Vedras, ayant derrière lui un pays dont toutes les ressources avoient été enlevées, et entouré de milices portugaises, qui coupoient ses communications; il ne put vaincre les difficultés qui l'arrêtoient, et franchir le court espace qui les séparoit du but de ses travaux: son armée souffrit avec une patience admirable tous les genres de privation; la disette et les maladies le forcèrent à se retirer sur Santarem, et enfin à quitter le Portugal.

LIVRE CINQUIÈME.

Le maréchal Soult quitte l'Andalousie et vient mettre le siége devant Badajos, dont il s'empare. — Il défait les généraux la Carrera et Mendizabal. — Combat de Chiclana, devant Cadix. — Combat près d'Illescas, en Castille, où fut pris le colonel Lejeune. — Soldats espagnols recrutés par Joseph. — Expédition du général Lahoussaye sur Cuença. — Bataille d'Albuera. — Assaut et prise de Badajos par les Anglais. — Trait hardi d'un maréchal-des-logis de chasseurs après l'assaut de Badajos. — Le général Lahoussaye marche contre le général de Sayas, qu'il bat à Alcocer. — Madrid; sa situation; ses palais; ses promenades; ses théâtres. — Grands d'Espagne. — Vie du roi Joseph. — Marchands français établis à Madrid. — Usages espagnols. — Fandango. — Courses de Taureaux. — Départ pour Bayonne. — Ségovie; ses monumens anciens. — Attaque de notre convoi. — Vêtemens bizarres des Guerillas. — Arrivée en France.

Dans les premiers jours de janvier 1811, le maréchal Soult laissa le duc de Bellune en Andalousie, et se porta en Estramadure, avec la majeure partie de ses forces, pour s'emparer de Badajos et d'Elvas, et communiquer ainsi avec le maréchal Masséna. Il battit les généraux la Carrera et Mendizabal, envoyés avec 10,000 Espagnols au secours de ces places: ils furent forcés dans leur camp, assis sur la rive droite de la Guadiana près de l'Evora, et perdirent près de 8,000 hommes. Ils ne se sauvèrent eux-mêmes qu'avec peine en se jetant dans Elvas avec quelques cavaliers. Après cette victoire, le maréchal Soult poussa vigoureusement le siége de Badajos, commencé le 26 janvier : cette ville ne capitula que le 11 mars. On apprit aussitôt que l'armée de Portugal opéroit sa retraite vers l'Espagne, et les projets sur Elvas furent abandonnés. Le maréchal Soult rentra en Andalousie.

Tandis que nos armées obtenoient des succès si éclatans en Estramadure, il y eut le 5 mars, en Andalousie, un combat très-meurtrier à Chiclana, entre le corps du maréchal Victor, fort de 6,000 hommes, qui occupoit les lignes devant Cadix, et un corps anglo-espagnol de 15,000 hommes, débarqué à Algésiras pour faire lever le siége. Les Français firent des prodiges de valeur, se maintinrent dans leurs positions, et forcèrent l'ennemi à rentrer dans la place; mais ils perdirent 2,000 hommes, beaucoup d'officiers supérieurs et deux généraux. Ce fait d'armes, très-glorieux pour les troupes françaises, n'est pas un des moins honorables de la brillante carrière du duc de Bellune en Espagne.

Cependant, mon régiment quitta la province de Tolède et reçut ordre de parcourir les environs de Madrid, pour en éloigner les bandes de Guerillas, qui venoient jusque dans les promenades de cette capitale. Nous séjournâmes pendant quelque temps dans la petite ville d'Alcala, célèbre par son université, fondée par le cardinal Ximenès, et dans celle de Guadalaxara, renommée par ses fabriques d'étoffes.

L'Empecinado, avec un corps de 5 à 6 mille hommes, occupoit tantôt Siguenza, Brihuega et Cuença; il harceloit nos postes, percevoit les contributions, et maltraitoit les autorités qui ne prenoient pas la fuite à notre arrivée. Nous le poursuivîmes pendant plus d'un mois, sans pouvoir le forcer à combattre: dès qu'il étoit serré de trop près, il indiquoit un point de réunion à ses Guerillas, qui se dispersoient aussitôt dans les montagnes. Ils n'en sortoient que pour tomber tout à coup sur un poste, souvent éloigné de 15 lieues de l'endroit où on les avoit vu disparoître.

Le 5 avril, aux environs d'Illescas, sur la route de Madrid, près du lieu où, dans le mois de décembre dernier, 80 Français avoient été brûlés, le Medico attaqua, avec 600 chevaux, un détachement de 25 dragons du 22e, et de quelques fantassins qui escortoient le colonel Lejeune, attaché au prince Berthier. Cet officier venoit de remplir une mission en Andalousie, et rentroit en France. Nos soldats se défendirent en désespérés, dans ce combat si disproportionné. Une partie des fantassins parvint à se sauver, en gagnant une hauteur, et se jetant derrière quelques oliviers. Les 25 dragons furent égorgés sans pitié; M. Duhamel, sous-lieutenant, qui les commandoit, et le colonel Lejeune, eurent le bonheur d'échapper à ce massacre. Le Medico leur sauva la vie, et ils furent envoyés prisonniers en Angleterre.

Nous prîmes, en différentes circonstances, beaucoup de soldats qui avoient été habillés et équipés à neuf par le roi Joseph. Plusieurs avoient été pris trois ou quatre fois. Dès qu'il arrivoit à Madrid un convoi de prisonniers, Joseph, qui affectoit une grande popularité, se rendoit au milieu d'eux, leúr promettoit la liberté, de l'argent et des habits, s'ils vouloient prendre parti pour lui; il n'étoit pas difficile d'obtenir un consentement de malheureux soldats nus, mourant de faim, et qui avoient la perspective d'être envoyés prisonniers en France; tandis qu'on leur offroit de rester dans leur patrie, et d'être nourris et bien vêtus. Joseph parvint ainsi à former quelques bataillons. Le seul régiment d'infanterie de Castille, compta sur ses contrôles 12,000 hommes en cinq mois; mais des compagnies entières, les officiers en tête, partoient avec armes et bagages; aussi les Espagnols appeloient-ils Joseph leur capitaine d'habillement. S'il eût voulu sévir contre ceux qu'on reprenoit, il auroit eu trop à faire; il se contenta de fermer les yeux. Il ne resta, en peu de temps, que le cadre des régimens; et Joseph reçut défense de Napoléon de recruter à l'avenir.

Le général espagnol Saint-Martin, avec 4,000 hommes, la plupart de Guerillas des provinces de Cuença et de Tolède, occupoit Cuença, et faisoit des incursions jusque sur le Tage. On envoya contre lui, le 22 avril, le général Lahoussaye, avec le 19ᵉ de dragons, le 75ᵉ d'infanterie, et quelques pièces d'artillerie légère. Nous passâmes le Tage à Fuente-Duenas. Tarancon reçut une garnison de 200 hommes, et nous nous portâmes sur Cuença; nous trouvâmes trois escadrons de cavalerie ennemie en bataille, à une lieue en avant de cette ville; ils furent culbutés par une charge commandée par le colonel de S[t]. Geniès, et nous les poursuivîmes l'épée aux reins jusques sur les retranchemens de l'infanterie. Celle-ci défendoit la tête du pont sur le Jucar, et les hauteurs voisines. Quelques obus bien dirigés jetèrent le désordre; et quatre compagnies d'élite du 75e enlevèrent ces positions, l'arme au bras : la cavalerie poursuivit les fuyards sur la route de Requena, fit 500 prisonniers, dont une trentaine d'officiers, et les chefs de bande Guttières et Ximenès.

La nouvelle de notre arrivée avoit fait de Cuença (1) une affreuse solitude. Ses ha-

---

(1) Cuença a long-temps appartenu aux Maures, et fut apportée en dot au roi de Castille, Alphonse IV, par son mariage avec la princesse Zaïda, fille de Benabet, roi maure de Séville.

Cette ville est considérable; elle est bâtie au pied

bitans se rappeloient l'indigne conduite des troupes françaises, qui, le 3 juillet 1808, pillèrent et ravagèrent leurs maisons : rien n'y fut respecté; ceux même qui devoient donner l'exemple, et réprimer le brigandage, furent les premiers à s'avilir, et à déshonorer le caractère national.

Combien de fois l'honnête homme n'eut-il pas à rougir dans cette guerre injuste et cruelle, où l'innocent étoit confondu avec le coupable! et ce coupable encore étoit

---

d'une montagne sur les deux rivières de Jucar et de Huecar, et divisée en haute et basse ville. La première, qui est la plus grande, contient l'évêché, la cathédrale et plusieurs beaux bâtimens; elle est située sur un plateau d'où on aperçoit, à une profondeur de deux cents pieds, couler avec rapidité le Huecar, à travers des masses de rochers : le pont de Saint-Paul est jeté sur cet abîme; il a été construit par un chanoine nommé Juan del Pozo, pour communiquer de la haute ville au couvent de Saint-Paul. Ce pont, dont la longueur est d'environ trois cents pieds, a cinq arches dont les piliers ont cent cinquante pieds de haut.

celui qui défendoit sa patrie et son Roi! Si la rigidité du devoir armoit notre bras, les Espagnols virent très-souvent que l'humanité peut s'allier avec les principes sévères de l'honneur. C'étoit une douce consolation, de pouvoir faire quelquefois le bien, lorsque tous les jours notre cœur désavouoit la plupart de nos actions.

Après cette expédition, nous allâmes cantonner à Tarancon, d'où nous partions pour battre les environs d'Uclès (1), de San-Clemente, de Belmonte, et de Valverde. Nous étions chargés de protéger les convois de vivres destinés à alimenter la capitale, et de faire rentrer les contributions, qui, graces aux soins des intendans et des gouverneurs, n'arrivoient jamais entières dans les coffres du trésor royal.

A peine deux mois s'étoient-ils écoulés,

---

(1) Uclès est célèbre par les batailles que les Espagnols y ont perdu en 1108, contre les Maures, et en 1809, contre les Français commandés par le maréchal Victor.

depuis la prise de Badajos (1), que lord Beresford, commandant l'armée anglo-portugaise, vint mettre le siége devant cette place, après s'être rendu maître d'Olivença. A cette nouvelle, le maréchal Soult réunit, en toute hâte, des troupes à Séville; et faisant lever les cantonnemens à quelques régimens qui étoient en Estramadure, accourut pour dégager Badajos. On portoit ses forces à 16 mille hommes d'infanterie, et à 4 mille de cavalerie.

---

(1) Badajos est une très-ancienne ville qu'on dit être *la Pax Augusta* des Romains. On y voit un très-beau pont sur la Guadiana, qui a vingt-huit arches et dix-huit cents pieds de long : il établit la communication entre la ville et le fort *Saint-Cristoval*, qui défend la rive droite; le fort de *Pardaleras* protége la ville du côté d'*Olivença* et de la route de Séville.

Badajos a soutenu plusieurs siéges mémorables, celui de 1660 contre les Portugais, qui le levèrent; celui de 1705, contre les Portugais et les Anglais, dans la guerre de la Succession; celui de mars 1811, contre les Français qui s'en emparèrent; et enfin contre les Anglais qui nous l'enlevèrent.

A son approche, lord Beresford abandonna ses lignes devant Badajos, renvoya ses bagages et sa grosse artillerie sur Elvas, et se porta au-devant de l'armée française jusqu'au village d'Albuera, à quatre lieues de Badajos. Son armée étoit d'environ 45 mille hommes, en comptant les corps espagnols de Castanos, de Ballesteros et de Blacke, récemment arrivés de Cadix.

Il la mit en position à l'embranchement des routes qui conduisent à Badajos et à Jurumenha, par Valverde et Olivença. Il plaça le centre sur un mamelon qui se lioit à d'autres hauteurs, qu'occupoient les troupes espagnoles formant l'aile droite (ce point étoit le plus fort de la position). L'aile gauche fut appuyée au village d'Albuera. Enfin l'armée alliée avoit devant elle un ruisseau qui s'étendoit sur toute la ligne; il n'étoit guéable qu'au-dessus d'un pont en pierre situé en face d'Albuera, sur la grande route de Séville. Le général Beresford ne l'avoit pas fait occuper; mais il avoit établi trois batteries qui en défendoient l'approche.

Le maréchal Soult arriva le 15 mai à la vue d'Albuera, et campa dans un bois, à une portée de canon de ce village. Ayant reconnu la position des Alliés, il jugea que le succès de la bataille dépendoit de la prise du mamelon de droite, qui étoit la clef des positions; et que, s'il parvenoit à le tourner, il couperoit la retraite de l'ennemi par Valverde de Leganes, sur Olivença, place en arrière de laquelle il avoit ses ponts sur la Guadiana, et ses communications avec Elvas; ce fut suivant ce plan, que l'armée française attaqua le 16 au matin. Beresford comprit la manœuvre du maréchal Soult, et renforça son aile droite, quoique son adversaire eût voulu lui faire prendre le change par quelques mouvemens sur son centre et sur la gauche. Une grande partie de l'infanterie française, commandée par le général Girard, passa le ruisseau au-dessus du pont, et se porta en colonne serrée sur le mamelon. Les cris d'en avant se firent entendre de toutes parts, et nos fantassins avancèrent au pas de charge sur les lignes ennemies. Ils furent reçus par un feu terrible, si nourri et si bien dirigé, que nos colonnes furent éclaircies en un instant; grand nombre d'officiers supérieurs et de généraux tombèrent morts. Nos soldats balancèrent un moment ; plusieurs se permirent tout haut des observations sur cette manœuvre. Le désordre et la confusion succédèrent à ce manque de subordination. Le Général anglais s'en aperçut à temps; il en profita. Quelques bataillons furent lancés contre notre infanterie, qui avoit rompu son ordre de bataille; ils la repoussèrent : elle gagna le ruisseau, derrière lequel elle se forma, sous la protection de l'artillerie; cette attaque infructueuse nous coûta beaucoup de monde.

Le 27e de chasseurs, les 2e et 10e de hussards firent de belles charges, prirent quelques pièces d'artillerie, et bon nombre de prisonniers. Les dragons du général Latour-Maubourg, qui cherchoient à tourner l'ennemi par Valverde de Leganes, eurent aussi quelques succès partiels. Les lanciers de la Vistule se distinguèrent particulièrement dans cette journée, par de brillantes charges sur l'infanterie. La nouveauté de leurs armes jeta l'épouvante dans les rangs ennemis, qu'ils enfoncèrent plusieurs fois.

Les deux armées reprirent le soir les positions qu'elles occupoient la veille; elles y restèrent toute la journée du 17. Nous eûmes environ 1,500 morts et 4,000 blessés; la perte de l'ennemi fut moins considérable. L'armée française manquant de vivres, opéra sa retraite le 18, laissant dans ses bivouacs, et sur le champ de bataille, une partie de ses blessés. On en dirigea 300 sur Almendralejo, qui furent confiés à l'Alcade de cette ville. Les paysans de la contrée apprenant le mouvement rétrograde du maréchal Soult, se rassembloient déjà pour aller les assassiner, lorsqu'un détachement des Alliés vint occuper Almendralejo.

La cavalerie légère regretta la perte de M. de Bourbon-Busset, chef d'escadron au 27e de chasseurs, commandant l'arrière-garde. Cet officier, que la plus brillante valeur faisoit distinguer à la tête de toutes les attaques, fut fait prisonnier, ayant eu son cheval tué dans une charge contre les Anglais qui ramenoient vigoureusement ses tirailleurs.

Le général Philipon, qui commandoit dans Badajos, détruisit tous les ouvrages de l'ennemi, lorsqu'il se porta, le 14, sur Albuera; voyant ses espérances détruites par la retraite du maréchal Soult, il n'en soutint pas avec moins de persévérance les efforts des assiégeans, qui rouvrirent la tranchée le 31 mai. Il fit plusieurs sorties, dans lesquelles il montra toujours la même valeur et la même habileté. Il fut enfin délivré le 17 juin, par l'armée de Portugal aux ordres du maréchal Marmont, qui déboucha par Merida; mais lorsque cette armée retourna sur le Tage, les Anglais, qui sentoient l'importance de l'occupation de Badajos, vinrent l'assiéger de nouveau. Ils s'en rendirent maîtres dans un assaut très-meurtrier qui dura de dix heures à minuit, et qui leur coûta plus de 3,000 hommes. Dans la fureur du premier moment, tous ceux qui tombèrent au pouvoir de l'ennemi furent passés au fil de l'épée; enfin les ténèbres et la fatigue arrêtèrent le carnage, le combat cessa, et le reste de la garnison devint prisonnier. Cependant, le petit fort Saint-Christophe, qui est sur la rive droite de la Guadiana, tenoit encore; les 120 hommes qui le défendoient, resserrés dans un très-petit espace, sans abri, ayant peu de munitions, et n'espérant plus de secours, se rendirent le lendemain. Le maréchal Soult, qui accouroit une seconde fois pour faire lever le siége, arriva trois jours trop tard.

Après l'assaut qui nous fit perdre Badajos, les généraux Philipon et Veilandes se retirèrent de nuit dans le fort Saint-Christophe; ils étoient escortés par un détachement de cavalerie. La petitesse du fort ne permettant pas d'y introduire les chevaux, plusieurs furent attachés aux palissades et abandonnés; mais un maréchal-des-logis et sept chasseurs du 21e, et cinq dragons du 26e n'ayant pas voulu se séparer de leurs montures, conçurent le téméraire projet de traverser l'armée ennemie pour rejoindre les Français. Ils culbutèrent d'abord les postes de la cavalerie portugaise, passèrent à la nage la Gevora, entre le pont qui est sur cette rivière et la citadelle, et se jetèrent dans le bois de Montijo; ils traversèrent tous les bagages ennemis, et arrivèrent le lendemain, à midi, à Medira. Le maréchal-des-logis obtint quelques vivres de l'Alcade, qu'il connoissoit; celui-ci l'instruisit de l'ordre qu'il venoit de recevoir, d'arrêter quinze cavaliers échappés de Badajos, parmi lesquels on supposoit le général Philipon; cependant, comme il vouloit ménager les Français, qu'il attendoit, il ne lui en donna pas moins un guide sûr; tandis que, d'un autre côté, il envoyoit prévenir une bande de Guerillas; satisfaisant ainsi à la prudence et à l'animosité. Enfin le détachement étoit parvenu sans obstacle sur les bords de la Guadiana; il l'avoit passée, homme par homme, dans un petit bateau qui ne contenoit que le batelier et un soldat assis sur sa selle, tenant son cheval qui nageoit à côté de lui. Cette opération ayant duré plusieurs heures, les Guerillas atteignirent le détachement lorsqu'il entroit dans le village de Palomas. Les Français les chargèrent avec la fureur que leur inspiroit leur situation désespérée; ils en sabrèrent plusieurs, et s'emparèrent de leur chef; ils l'amenèrent au maréchal Soult, à Villa-Franca, à qui ils donnèrent différens détails de l'assaut de Badajos. Peu de temps après, ce Général rentra en Andalousie, et battit complètement à Baza, le 13 août, les différens corps de l'armée de Murcie.

Dans le mois de juillet, comme nous occupions Tarancon, nous reçûmes ordre de marcher, en toute hâte, vers Guadalaxara, pour secourir le général Hugo, menacé par les troupes espagnoles des généraux Saint-Martin et du marquis de Sayas. Ce dernier commandoit momentanément le corps de l'Empecinado.

Le général Lahoussaye, gouverneur de la province de Cuença, laissa une garnison dans Tarancon, et partit avec le 75e d'infanterie, deux pièces d'artillerie légère, un escadron de volontaires espagnols et deux régimens de dragons (le 19ᵉ et le 2ᵉ provisoire); il arriva le même soir à Alcala; il en repartit à minuit, et fit jonction le lendemain avec le général Hugo. La rapidité de notre marche ayant déjoué les projets de l'ennemi, il crut ne devoir pas attendre le combat; le général S. Martin se dirigea vers Siguença, et fut suivi par le général Hugo. Le général Lahoussaye marcha sur le marquis de Sayas, qui, passant le Tage à Aunon, se retira à Sacedon. Cet officier, croyant que nous n'oserions passer ce fleuve, dissémina trop ses troupes, qu'il plaça à Sacedon, à Alcocer et à Val de Olivas; il eut même l'imprudence de ne pas faire garder le pont d'Aunon, dont l'occupation le mettoit à l'abri de toute insulte.

Sur la rive gauche, en face de ce pont, une montagne à pic, qui borde le fleuve, ne laisse entre elle et le Tage qu'un espace étroit où la route est pratiquée; quelques fantassins, placés dans les rochers, auroient arrêté notre colonne dans cet affreux défilé : nos soldats l'appeloient *la Gueule d'Enfer*, ou *le Pont du Diable*. Je ne sais ce qui fascina les yeux du Général espagnol pour négliger de défendre ce point important.

Cependant notre avant-garde arriva près du pont; les voltigeurs le franchirent et se mirent à gravir la montagne qui le domine. Parvenus au sommet, ils rencontrèrent un détachement d'infanterie espagnole*, qui venoit s'y établir, mais trop tard : il fut culbuté. Aux premiers coups de fusil, le bataillon espagnol des volontaires de Madrid, fort de 700 hommes, qui étoit à Sacedon, se dirigea sur Val de Olivas, pour se réunir aux troupes qui l'occupoient. Le général Lahoussaye ordonna au colonel de St. Geniès de couper la retraite de ce bataillon. Ce mouvement fut exécuté avec la plus grande rapidité, malgré les difficultés du terrain, par l'avant-garde composée de soixante chevaux, commandés par le capitaine Cosnard, officier très-distingué; l'escadron espagnol, au service de Joseph, et le 19e firent alors une très-belle charge en fourrageurs. Les Espagnols se défendirent vaillamment; mais ils furent enfoncés et taillés en pièces. Le bataillon de Siguença, qui occupoit Alcocer, entendant une vive fusillade vers Sacedon, et prévenu par quelques cavaliers de la défaite du bataillon de Madrid, prit au pas de course le chemin de Val de Olivas; mais comme les obstacles qui avoient arrêté l'élan des premières attaques de notre cavalerie et protégé la retraite des ennemis n'existoient plus, et qu'il se présentoit au contraire une plaine unie, les Espagnols se formèrent en carré et firent bonne contenance; ils soutinrent courageusement une première charge, mais ils furent enfoncés à la seconde. Cette journée leur coûta 1,000 hommes, dont 700 prisonniers, parmi lesquels on comptoit plusieurs officiers supérieurs : nous eûmes seulement quelques blessés et une vingtaine de chevaux tués. C'étoit la première fois que nous étions parvenus à joindre les troupes de l'Empecinado. Après cette expédition les prisonniers furent dirigés sur Madrid, et notre colonne rentra à Tarancon.

Je fus envoyé à Madrid, dans le mois d'août, pour les affaires de mon régiment. Comme j'y ai fait un assez long séjour, je vais donner quelques détails sur cette capitale.

Madrid est situé au milieu du royaume, dans une plaine immense, mais aride et dénuée d'arbres; on attribue la sécheresse du sol à sa prodigieuse élévation, qui est de plus de trois cents toises au-dessus du niveau de la mer. C'est à cause de cette élévation que l'air y est si vif même en été, qu'on peut avoir froid à l'ombre, tandis qu'au soleil on est accablé par une chaleur insupportable.

En entrant dans cette ville on aperçoit de belles routes plantées d'arbres, et des portes magnifiques d'une architecture moderne; celle d'Alcala est la plus remarquable.

Madrid est d'une étendue qui n'est pas proportionnée au nombre de ses habitans; l'absence de la Cour, l'éloignement de la noblesse attachée au Gouvernement légitime, la suppression des couvens et la guerre avoient encore diminué la population.

Les principales places sont la Plaza-Mayor et la Puerta del Sol, qui aboutissent aux rues les plus commerçantes et les plus populeuses; on distingue sur-tout les rues Mayor, las Carretas, la Montera, Alcala et San-Jeronimo. De beaux palais ornent cette capitale : ceux du prince de la Paix, de Medina-Cœli, de l'Infantado, de Villa-Franca, etc., se font admirer par leur vaste étendue et par leur magnificence.

Le palais des Rois, qui n'est pas encore achevé, est dans une agréable situation, sur une hauteur près de laquelle coule le Mançanarez; il est de forme carrée et construit en pierres de taille; son architecture est noble, simple et d'un bon goût.

L'intérieur est d'une grande beauté, et l'on voit réunies dans ce lieu toutes les richesses des deux Mondes. Les escaliers, les corridors, les antichambres sont remplis de peintures de Rubens, de Raphaël, du Titien et du Corrège.

Sur la place du palais, il y a un bâtiment appelé *Armeria*, contenant une précieuse collection d'armes. On y voit les épées de Pelage, du Cid, de Roland, de Bernard du Carpio, de Paredes, et celle, dit-on, avec laquelle François Ier combattit à Pavie. Je regardai avec respect ce fer qui avoit armé le bras du modèle des chevaliers.

Plusieurs boucliers antiques, travaillés avec art, représentent des sujets de l'histoire sainte et profane. Je distinguai, parmi les modernes, celui que le pape Pie V donna à D. Juan d'Autriche, en mémoire de la bataille de Lépante, et, parmi les différentes armures, celles de la reine Isabelle et de Charles V.

On voit aussi une grande quantité de flèches, de hallebardes, de fusils et de mousquets depuis l'invention des armes à feu.

Les rois d'Espagne avoient aussi un palais dans le Retiro, grand parc situé entre les portes d'Alcala et d'Atocha et longeant le Prado. Ce palais a été abandonné depuis la construction du nouveau, et il servoit de caserne à la garnison française du Retiro; car les Français avoient fait de ce lieu une espèce de citadelle, défendue par plus de cent pièces d'artillerie, presque toutes pointées sur la ville: c'est ainsi que s'entretenoit la confiance qui régnoit entre le roi Joseph et ses sujets de Madrid. On voit au milieu du Retiro un vaste bâtiment où l'on fabrique de la porcelaine à l'imitation de celle de la Chine; ce qui a fait donner à cet établissement le nom de *China*. Au sortir du Retiro, on trouve les belles promenades du Prado et des Délices; celle-ci prolonge ses vastes ombrages jusqu'aux rives du Mançanarez: c'est là où les jours de fête se porte en foule une partie de la population de Madrid; une grande allée reçoit les voitures, qui circulent lentement jusqu'à ce qu'elles aient fait entièrement le tour; les femmes ne descendent pas de leurs équipages, et n'ont guère d'autre but que celui de se faire admirer. Les piétons remplissent deux allées latéralès embellies de fontaines magnifiques (1). Le Prado, que tant de duels et de rendez-vous amoureux ont rendu célèbre, n'a rien perdu de sa réputation sous les Français.

A l'extrémité des Délices, en longeant le Mançanarez, on arrive au canal de ce nom (2) et au superbe pont de Tolède: c'est un des plus beaux de l'Europe; il est fâcheux qu'il attende une rivière, car, en cet endroit, le Mançanarez n'est qu'un foible ruisseau qui reste à sec en été.

Rentrant dans la ville par la porte de Tolède, on trouve la place de la Cebada, qui est fort vaste, mais dépourvue de beaux

---

(1) On remarque celles de Cybèle, de Neptune et d'Apollon.

(2) Le canal de Mançanarez, destiné à communiquer au Tage par la rivière de Xarama, seroit, s'il étoit achevé, d'une grande utilité au commerce de la capitale; il auroit quatre lieues de longueur depuis le pont de Tolède jusqu'à sa jonction avec le Xarama; mais on n'en a creusé que la moitié: il a été commencé sous Charles III. Un décret de Joseph avoit ordonné qu'on l'achevât.

édifices; on arrive à la place Mayor, qui est presque le centre de Madrid; elle est pleine de marchands de comestibles, et on y voit toutes sortes de fruits; la Puerta del Sol n'en est pas très-éloignée. C'étoit autrefois une porte de la ville, en sorte qu'elle en a conservé le nom: c'est là où se rendent en foule de nombreux groupes d'oisifs qui, en fumant leurs cigarres, viennent mendier des nouvelles; ils se succèdent sans cesse, et la place n'est vide qu'à l'heure de la sieste. Le plus profond silence règne alors dans la ville, et pendant trois heures tout le monde est livré au sommeil. Dès que la chaleur est moins forte, tout reprend une nouvelle vie, et on est étourdi par les cris des marchands de comestibles, des *aguadores* (1), ou des conducteurs de *calesin* (2). Enfin la foule est si considérable

---

(1) Porteurs d'eau, qui pour un maravedis vous donnent un grand verre d'eau fraîche.

(2) Conducteurs de petites voitures, faites en forme de cabriolet, attelées d'une mule et très-mal suspendues.

à cette heure aux environs de la Puerta del Sol, qu'on a de la peine à passer.

Dans la rue d'Alcala, on remarque le bâtiment où est le cabinet d'histoire naturelle, qui est un des plus riches de l'Europe en métaux et en minéraux. J'y ai vu de gros blocs d'or et d'argent, du poids de plusieurs livres, trouvés ainsi dans les mines; des fragmens de rochers couverts de diamans, d'émeraudes et de rubis. On y a rassemblé avec le plus grand soin les différens marbres qu'on trouve en Espagne, et la quantité en est fort considérable; la collection en animaux est très-recherchée; ce qui a le plus excité ma curiosité, ce sont les armes, les instrumens, les vêtemens de tous les peuples de l'Amérique et des Indes, ainsi que les présens des empereurs de la Chine, de Perse et de Turquie aux Souverains d'Espagne.

Il y a à Madrid trois théâtres: los Canos del Peral, où sont les Italiens; celui del Principe, où l'on joue la comédie et la tragédie; et celui de la Crux, l'opéra : ces trois salles sont vastes et commodes. Comme les Italiens coûtoient considérablement au

Gouvernement, et qu'il y avoit bien peu de gens qui allassent au spectacle, le théâtre de los Canos a été fermé. Les acteurs de la Crux et du Principe sont médiocres; on distingue cependant dans ce dernier théâtre un tragique nommé Maiques, doué d'un beau physique et d'une rare intelligence; il a pris beaucoup des manières de Talma, qu'il regarde comme son maître. Les petites pièces que l'on joue au Principe, après la tragédie, sont d'une grande originalité, et peignent les mœurs du peuple avec une vérité portée souvent jusqu'au cynisme.

Madrid offre le mélange des caractères des différentes provinces; mais l'empreinte des mœurs arabes y est moins prononcée qu'en Andalousie, en Estramadure et dans la Manche; cependant les Espagnols en général ont conservé de ces peuples leur goût pour la galanterie, les grands airs chevaleresques, le faste, et les titres pompeux.

Les grands Seigneurs espagnols aiment la magnificence, et mettent leur orgueil à entretenir une suite nombreuse de gens, et à briller par un grand état de maison. On comptoit chez le duc de Medina-Cœli, plus de cinq cents domestiques portant sa livrée. On voit dans les principales maisons, comme en Pologne, de pauvres gentilshommes qui remplissent différens emplois d'économe et de majordome, et qui ne pensent pas déroger. Leurs nobles aïeux n'eussent point ainsi pensé; ils eussent mieux aimé les voir dans les rangs espagnols, ou cultiver le chétif héritage qu'ils leur ont laissé.

Il y a en Espagne des provinces entières où presque tous les habitans sont réputés nobles, tels que les Biscayens et les Asturiens, dont les ancêtres conservèrent dans leurs arides montagnes le dépôt sacré de la religion et le sceptre de leurs rois. Le sang maure n'a jamais été mêlé avec celui de ces vieux chrétiens, et ils font de cette distinction leur plus beau titre de gloire.

La noblesse tient beaucoup à ses priviléges : les Grands d'Espagne prétendoient avoir le pas sur les électeurs et les princes d'Italie; mais Philippe V, à son avénement au trône, détermina leur rang en les assimilant aux ducs et pairs de France. Il y a des Grands de trois classes; ceux de la première peuvent se couvrir devant le Roi, avant de lui parler; ceux de la seconde lui parlent découverts, mais l'écoutent couverts; enfin, ceux de la troisième, après avoir parlé au Roi découverts, ont le droit de remettre leurs chapeaux devant Sa Majesté, quand ils sont rentrés dans la foule des autres Grands.

Ces usages étoient entièrement oubliés dans la nouvelle Cour, où l'on ne voyoit de grands Seigneurs que ceux de la création de Joseph. Ce Prince, au lieu d'être à la tête des armées françaises, de parcourir l'Espagne et de se faire connoître, se livroit dans son palais, avec ses maîtresses, aux délices de la table, et aux plus honteuses débauches. S'il se rappeloit quelquefois qu'il avoit le titre de Roi, il faisoit des promotions dans ses armées qui n'existoient pas, donnoit des décorations de son ordre qu'on ne vouloit pas porter (1), ou bien

(1) Joseph avoit institué un ordre à l'instar de ce-

dotoit quelques églises pour captiver la bienveillance du peuple, qui se moquoit de lui l'appelant, par dérision, l'Alcade de Madrid, ou tout simplement *Pepe*(1).

L'audace des Guerillas s'étoit tellement accrue par la foiblesse du Gouvernement et l'apathie de Joseph, que plusieurs bandes venoient enlever des officiers français jusques dans les promenades de Madrid, et qu'il faillit être pris lui-même dans sa maison de plaisance de Casa de Campo, à une demi-lieue de sa capitale.

Me promenant un soir dans la rue de......., j'aperçus, dans un brillant équipage, et rentrant chez elle, une belle Espagnole, célèbre par l'empire qu'elle avoit sur le cœur

---

lui de la Légion-d'Honneur; il étoit destiné à récompenser le mérite civil et militaire : le ruban en étoit rouge, la décoration en émail rouge et à cinq rayons. On y voyoit d'un côté un lion et de l'autre une tour, qui sont les armes de Léon et de Castille. On y lisoit d'un côté : *Virtute et fide;* de l'autre: *Jos. Nap. Hisp. et Ind. rex instituit.* Plusieurs Espagnols à qui Joseph avoit envoyé cette décoration la refusèrent.

(1) Diminutif de Joseph.

de Joseph. Le hasard m'ayant retenu environ une demi-heure dans le voisinage, je vis sortir en tapinois du même hôtel, une personne d'une tournure charmante, mais vêtue simplement et comme une femme de la classe moyenne; sa marche précipitée, le soin qu'elle prenoit de se dérober aux regards indiscrets en cachant sa figure avec sa mantilla, me donnèrent cependant quelques soupçons: je courus après l'inconnue, je la devançai de quelques pas, et, m'arrêtant près d'elle, je retrouvai dans la belle mystérieuse la grande dame du galant équipage. Je n'en fus pas remarqué, et je continuai de la suivre; enfin, au détour d'une rue, j'aperçois, enveloppé d'une redingotte et le chapeau sur les yeux, un très-bel officier de ma connoissance; il a l'air de se trouver là par hasard, et la tendre Espagnole prend son bras sans façon; ils s'acheminent gaiement, mais non sans tourner la tête bien des fois, et se dirigeant vers une rue peu fréquentée, ils entrent dans une maison fort honnête, sans doute, puisque la bonne compagnie alloit quelquefois y manger à la française. La malignité pourroit s'exercer sur le hasard de cette rencontre, mais *honni soit qui mal y pense.*

Avant l'invasion, on admiroit tout ce qui venoit de Paris; les modes françaises étoient suivies avec passion, et le costume espagnol, qui avoit déjà perdu de son caractère national depuis Philippe V, étoit menacé d'une nouvelle réforme. L'injuste agression de Buonaparte vint arrêter ce caprice, et l'orgueil castillan livra à l'infamie tout Espagnol qui préféroit aux usages de ses aïeux ceux de ses cruels oppresseurs.

Dans les scènes tumultueuses qui eurent lieu à Madrid, en août 1808, après l'expulsion de Joseph, on vit le peuple en furie maltraiter, de la manière la plus barbare, des individus qui avoient dans leur ajustement quelque chose de français; des voitures, qui n'avoient d'autre tort que d'avoir été faites à Paris ou à Bruxelles, furent mises en pièces, et tout ce qui venoit de l'autre côté des Pyrénées éprouva la plus rigoureuse proscription.

Nous étions encore généralement détestés en Espagne, et les femmes qui influent tant sur le caractère d'un peuple, avoient de la peine à se dépouiller de leur fierté et de cette haine que nous portoient tous les naturels. Cependant un séjour de quatre ans avoit amené quelques relations avec les habitans; elles s'accroissoient insensiblement par les liens du commerce et les spéculations faites avec des marchands de notre nation, qui étoient venus, *par patriotisme,* s'établir à Madrid.

On admiroit, dans la rue de la Montera, les brillantes boutiques de plusieurs bijoutiers, horlogers et passementiers français. Ils tentoient, plusieurs fois l'année, le périlleux trajet de Bayonne à Madrid, et voyageoient avec nos convois. Ces marchands offroient toujours un riche butin à l'ennemi, lorsqu'ils alloient en France, ils étoient chargés de quadruples; en rentrant en Espagne, ils apportoient des effets très-précieux. Aussi les Guerillas étoient-ils très-friands de pareilles prises; ils dépouilloient ces messieurs, et les renvoyoient sans leur faire aucun mal, car ils espéroient les reprendre de nouveau. C'étoient les officiers de l'armée qui payoient la mésaventure des spéculateurs, qui nous vendoient ce qui venoit de France trois ou quatre fois la valeur. Des cuisiniers parisiens et provençaux, jaloux de contribuer à la propagation des lumières et des connoissances de leur art, avoient remplacé les mauvaises posadas espagnoles (1). Tous les Français qui ont habité la capitale à cette époque, se

---

(1) On ne connoissoit que trois bonnes auberges à Madrid avant l'arrivée des Français, celles de la Croix de Malte, de la Fontaine d'or, et de Saint-Sébastien. Elles sont très-rares en Espagne; on voit seulement sur les routes quelques *posadas*, où l'on trouve des lits détestables, pour les muletiers, et de vastes écuries comme les caravanserais d'Asie. Les voyageurs sont obligés d'apporter leurs provisions, car sans cela ils pourroient bien n'avoir rien à manger.

Les auberges appartiennent ordinairement au Seigneur du lieu, ou sont une propriété des villages. Les aubergistes ne sont que des fermiers qui payent une certaine somme au propriétaire : il est expressément défendu à tout autre habitant de loger ou de donner à manger. Tant qu'on restreindra ainsi l'in-

rappellent les bons dîners de Brière et Coliguon, et la fonda de Saint-Martin, tenue par Rancurel.

On voyoit aussi quelques équipages à la française, attelés de chevaux (1), quoique les Espagnols se servent presque toujours de mules; on en voit communément six ou huit traînant d'énormes voitures de forme

---

dustrie, on voyagera très-incommodément en Espagne.

(1) Sous les Romains les chevaux espagnols passoient pour les meilleurs de l'Europe; ils étoient célèbres par leur vivacité, la vîtesse de leur course et la beauté de leurs formes. Pline, César, Martial, etc., en font un grand éloge. La race est tellement dégénérée par la négligence et l'apathie des habitans, qu'on ne trouve plus de beaux chevaux en Espagne que chez quelques Grands, ou dans les haras royaux; ceux de Cordoue et d'Aranjuès sont les plus remarquables : l'Andalousie est cependant la province du royaume où l'espèce s'est le mieux conservée. On peut attribuer cette distinction au long séjour des Arabes dans cette province, et au soin des Andalous de ne pas sacrifier toutes leurs jumens à la propagation des mules, comme dans les autres parties de l'Espagne.

antique : un seul homme les conduit, et avec une adresse admirable il les arrête et les fait marcher à la parole; il les gronde ou les flatte en les désignant nominativement, car chacune a son nom. Les harnois sont ordinairement très-riches, et le plus souvent ornés de rubans de diverses couleurs et de clochettes, dont le son excite l'ardeur de ces animaux.

L'usage des cheminées est presque inconnu en Espagne; on n'en trouve que chez les Etrangers ou chez quelque grand Seigneur : la douceur du climat fait qu'on s'en passe aisément. On se chauffe l'hiver autour d'un bassin de forme circulaire, appelé *brasero;* ils sont communément en cuivre, quelquefois en argent.

Les Espagnoles sont généralement belles et presque toutes brunes; leurs yeux sont noirs, très-grands et fort expressifs; elles ont ordinairement une jolie taille, une belle jambe et le pied petit. Avec ce physique enchanteur, elles ont une grace infinie dans toutes leurs actions, et un je ne sais quoi répandu sur leur personne qui les rend bien séduisantes; elles ont l'imagination vive et les passions violentes. Quand elles aiment, c'est avec fanatisme, et veulent être payées de retour. Cette abnégation de toutes choses en faveur de l'objet aimé, les rend jalouses à l'excès; elles poignarderoient sans balancer une rivale et un infidèle. Les mœurs ne sont pas plus sévères en Espagne qu'en France ou en Allemagne; la rigidité des duègnes ne se trouve que dans les romans, et les maris n'y sont ni plus sévères ni plus jaloux qu'ailleurs. Je ne sais si avant notre arrivée, les amans alloient, sous les fenêtres de leurs belles, soupirer des romances en s'accompagnant de la guitarre, mais je n'en ai jamais vu.

Les femmes de la meilleure société fument quelquefois des cigarres (1) d'un tabac très-doux, recouvert d'une paille légère et semblable à de petits chalumeaux. Une Espagnole vous offre quelquefois son cigarre fumé à demi, on commettroit une grande

---

(1) Appelés *pajitas*.

impolitesse si l'on n'acceptoit pas cette faveur; une autre marque d'intimité est de porter son éventail, les Espagnoles en ont dans toutes les saisons; c'est moins pour se donner de l'air, que par habitude et par maintien : elles ont une grace infinie à s'en servir, on peut dire qu'elles parlent avec leur évantail, tant elles mettent de finesse et de vivacité dans la manière de le faire mouvoir en saluant, ou en faisant des signes toujours très-expressifs; la même mobilité, le même charme règnent dans leurs danses qui viennent de l'orient, ainsi que l'usage des castagnettes.

Le fandango est de tous les âges, de toutes les classes, et les enfans s'y exercent dès qu'ils savent marcher. Chez les gens du peuple, cette danse est très-lascive et a un caractère d'indécence qui révolte; mais dans la bonne compagnie, je n'ai rien vu de plus gracieux, ni de plus enchanteur; la vivacité et l'expression des mouvemens, les situations les plus voluptueuses, le son des castagnettes et les cadences marquées par les battemens des mains des assistans, vous électrisent : cette danse s'exécute à deux, l'homme et la femme s'éloignent et s'approchent, mais ne se touchent jamais; une douce langueur succède tout à coup aux mouvemens les plus animés, il est difficile de rester indifférent à ces agaceries et aux émotions que font éprouver ces gestes et ces regards passionnés; aussi les Espagnols ne résistent pas à cette magie. On prétend qu'un fou étant entré dans une église en dansant et jouant des castagnettes, pendant qu'on prêchoit, le charme opéra à l'instant, et que le prédicateur et l'auditoire se mirent à danser le fandango. Les Espagnols ont le bolero, qui ressemble assez au fandango, et la seguidilla, qui est une espèce de contredanse à huit.

Les courses de taureaux sont un des grands divertissemens de la Nation (1).

---

(1) On croit que c'est des Romains que les Espagnols ont reçu l'usage des combats des taureaux. Les cirques, dont on voit encore des ruines dans les principales villes, sont d'origine romaine; ils ont été construits par les Gouverneurs que ces conquérans

Elles ont lieu à Madrid, hors la porte d'Alcala, dans un vaste cirque entouré de loges. L'arène est fermée par une barrière haute de six pieds, derrière laquelle règne un couloir où l'on peut circuler. Une seconde barrière, en cas que le taureau ne franchisse la première, sépare de l'amphithéâtre où le peuple est assis. Ces jeux sont présidés par le Corrégidor, premier magistrat de la ville. J'assistai à une des plus belles courses qui ait eu lieu depuis notre entrée en Espagne. Je vais en donner quelques détails:

Au signal des trompettes, deux *Alguazils*, montés sur de beaux chevaux andalous richement harnachés, ouvrirent la barrière et firent entrer les *picadores* destinés à combattre à cheval. Lorsqu'ils furent dans l'arène on ferma les portes, car ils n'en

---

envoyoient en Espagne. On y célébroit, comme à Rome, les combats des gladiateurs, des lutteurs, et ceux des athlètes contre les bêtes féroces; les combats des taureaux vinrent ensuite, mais on n'en fixe pas l'époque.

doivent plus sortir que lorsque les trompettes annoncent que le taureau va être attaqué à pied.

Les picadores sont vêtus à l'andalouse et avec beaucoup de richesse. Un grand chapeau blanc orné de rubans de diverses couleurs couvre leur tête; ils sont armés d'une espèce de bois de lance terminé par une pointe en fer de la forme d'un clou. Leurs jambes et leurs cuisses sont enveloppées d'un buffle très-épais garni de lames de fer, pour qu'ils ne se blessent pas dans les chutes fréquentes qu'ils font.

Autrefois les Seigneurs de la plus haute distinction, ne dédaignoient pas de se livrer à ces exercices, et venoient montrer au public leur adresse et leur courage (1).

---

(1) Un aide-de-camp français, doué de beaucoup de force et d'adresse, parut un jour dans l'arène, vêtu à l'andalouse, et combattit avec les picadores; il sortit vainqueur de deux ou trois luttes au milieu des applaudissemens. Je crois cependant que son Général ne lui permit plus de recommencer.

Le Corrégidor ayant fait signe de la main, on lâcha un taureau monstrueux (1). Son cou raccourci, sa tête énorme et ses cornes aiguës annonçoient sa force prodigieuse et le danger de l'attaque. Il se précipite dans l'arène en mugissant, frappe du pied et fait voler au loin le sable. Il aperçoit le premier picador qui l'attendoit la lance en arrêt; il se jette sur lui : l'adroit Espagnol le détourne d'un coup de lance dans le col. Le second picador n'est pas aussi heureux, son arme glisse sur les côtes du taureau, qui enfonce ses cornes dans le ventre du cheval; ce malheureux animal fait le tour de l'arène, foulant aux pieds ses entrailles qui s'échappent de ses flancs

---

(1) Les taureaux qu'on emploie ordinairement dans les courses de la capitale, sont sauvages, et pris au piége dans les marais de la Guadiana. Leur aspect seul est effrayant : il est de ces animaux si terribles, que pour les combattre sans un trop grand péril, on est obligé de leur laisser tomber sur les reins une herse très-pesante lorsqu'ils entrent dans l'arène.

entr'ouverts, et continue le combat (1). Le troisième picador se présente, sa lance est rompue par la violence du choc, et le taureau furieux plonge à plusieurs reprises ses cornes dans le poitrail du cheval, qu'il enlève avec son cavalier et qu'il jette sans vie à plusieurs pas derrière lui. Les *chulos*, jeunes gens dont l'emploi est de détourner le taureau lorsque les combattans sont en danger, agitent devant ses yeux des manteaux de couleur rouge. L'animal quitte ses victimes et court après les nouveaux assaillans, qui le livrent à leur tour aux *banderilleros*. Ceux-ci sont d'une agilité et d'une adresse inconcevable; armés de deux javelots garnis de banderolles de papier de diverses couleurs, ils s'avancent vers le taureau (2). Dès qu'il baissoit la tête pour

---

(1) Les picadores ne peuvent sortir de l'arène que lorsque leurs chevaux sont morts.

(2) Souvent un artifice placé au bout de ces javelots part lorsqu'ils sont fixés sur le cou de l'animal. Se trouvant au milieu du feu, et déchiré par le fer aigu du javelot, le taureau pousse alors d'affreux mu-

s'élancer sur eux, ils les lui enfonçoient dans le cou. Il est expressément défendu de les placer dans une autre partie. Après que le taureau eut lutté quelque temps contre cette foule d'ennemis, ils disparurent en sautant légèrement la barrière, lorsque les trompettes donnèrent le signal de mort. C'est sans contredit le moment le plus intéressant; le matador parut tenant une longue épée à deux tranchans de la main droite, et de la gauche, un manteau rouge. Il s'avança avec prudence; il avoit étudié le caractère de l'animal pendant le combat; car il est nécessaire de connoître s'il est impétueux et franc, ou calme et circonspect; ceux-ci sont les plus dangereux. Le taureau se lança sur le matador qui l'attendoit de pied ferme, son manteau fut déchiré en pièces, et il lui enfonça l'épée entre les deux épaules; le fer ne fit que glisser sur les côtes, et l'animal furieux

---

gissemens et frappe dans sa rage impuissante tout ce qu'il rencontre sur son passage.

parcouroit l'arène en mugissant, et frappant de ses cornes les chevaux morts qu'il rencontroit; il franchit dans sa rage la première barrière; on le fit rentrer dans l'intérieur, en ouvrant une porte par où il se précipita; mais l'épée sortie de sa large blessure, fut ramassée par le matador qui, après l'avoir excité de nouveau avec son manteau, prit si bien son temps qu'il le renversa mort d'un seul coup entre les vertèbres.

Les trompettes proclamèrent cette victoire. Une porte à deux battans s'ouvrit, et trois mules richement harnachées, conduites par deux coureurs vêtus à l'andalouse, enlevèrent hors de l'enceinte les trois chevaux et le taureau.

Une femme combattit à cheval un second taureau aussi terrible que le premier; mais on avoit mis au bout de ses cornes de petites boules en bois qui rendoient les coups moins dangereux; il n'en tua pas moins un cheval. Cette femme courageuse avoit glorieusement fourni sa carrière et reçu mille applaudissemens; elle alloit sortir de l'arène, lorsqu'il plût au roi Joseph d'arriver. Il est d'usage de recommencer devant le Roi. On put s'apercevoir combien notre héroïne en étoit contrariée; elle sembloit dire :

Infandum rex *jubes renovare dolorem.*

Cependant elle mit un genou en terre devant Joseph, qui lui ordonna par un signe gracieux de commencer. Un nouveau combat s'engagea, mais elle ne fut pas aussi heureuse dans celui-ci; le taureau renversa son cheval et se précipita sur lui à plusieurs reprises, malgré les chulos et les banderilleros. La malheureuse n'en fut pas quitte pour cette violente chute, elle reçut encore un coup de corne dans la poitrine. Dès qu'on eut détourné le taureau, on la retira sans connoissance de dessous son cheval mort, et on l'emporta hors de l'enceinte.

Je vis le même jour un taureau sauvage qu'on étoit parvenu à seller, en le contenant avec de gros câbles attachés à ses cornes et fixés à de gros pieux. Un paysan le monta ; alors on détacha les câbles, et l'animal furieux fit plusieurs fois le tour de l'arène en bondissant, mettant sa tête entre les jambes et allant se jeter avec force contre la barrière. Pendant ce temps, le Castillan jouoit une seguidilla sur sa guitarre, et sembloit défier l'impuissante rage du taureau. Bientôt après on lâcha un autre taureau ; l'Espagnol prit une lance et se mit en devoir de le combattre ; celui-ci se précipitoit d'abord vers le paysan, mais dès qu'il l'apercevoit monté sur un animal de son espèce, il s'arrêtoit en mugissant et frappant la terre du pied et de ses cornes ; excité cependant par les provocations de l'Espagnol, et après avoir tourné plusieurs fois autour de son adversaire, il se lança sur lui lorsque sa monture présentoit le flanc, et donnoit ainsi prise aux coups qu'il cherchoit à lui porter ; on voyoit qu'il mettoit moins d'impétuosité dans l'attaque, et même qu'il s'arrêtoit court lorsqu'il auroit pu blesser son camarade. Enfin, lorsqu'on jugea que cette lutte singulière étoit assez prolongée, on donna le signal, et le paysan tua sa bizarre monture d'un coup de stilet.

Il arriva dans cette course qu'un des taureaux, après avoir été repoussé par les lances des picadores, parcouroit l'arène en fuyant les assaillans. Ce trait de lâcheté lui valut des torrens d'injures, et on le siffla comme s'il eût pu être sensible à ce procédé; chacun vouloit lui donner un coup, et mille voix s'écrioient de toutes parts : *perros*, *perros*; c'est-à-dire, que le voyant indigne de combattre des hommes, on vouloit le livrer aux chiens. On lâcha aussitôt d'énormes dogues qui le saisirent par les oreilles et par la queue, et le déchirèrent impitoyablement, jusqu'à ce qu'il fût tué d'un coup de stilet.

Dès qu'un picador détourne bien l'animal, ou qu'un matador le tue du premier coup d'épée, l'arène retentit d'applaudissemens. Comme aussi, lorsque le taureau tue plusieurs chevaux, blesse des hommes et ne se laisse pas approcher, le peuple témoigne son contentement en répétant mille fois, *bravo tauro!*

Cette course dura plusieurs heures, et douze taureaux furent mis à mort. On les livra au bas peuple, ainsi que vingt-huit chevaux qui avoient été tués; on se bat pour se disputer les morceaux dans l'endroit où se fait cette distribution, et chacun emporte un lambeau sanglant sans distinction d'espèce, avec lequel il fait un grand régal.

Les Espagnols aiment ces exercices avec passion; rien n'a pu les en détourner, ni les dangers qu'ils y courent, ni les lois du royaume, ni les excommunications des Papes. On s'est vu forcé de les tolérer, mais du moins on en a limité le nombre. Le riche, le pauvre, l'homme en place, tout le monde se rend à ces courses, les femmes sur-tout. Un prêtre muni du Saint Viatique et un médecin, assistent toujours à ce spectacle.

Dans les derniers jours de l'année 1811, je reçus une mission pour la France, et je partis de Madrid avec un convoi de blessés et de voitures chargées de coton pour le compte du Gouvernement (1).

Notre escorte consistoit en 600 hommes d'infanterie et 50 officiers montés, qui faisoient le service de cavalerie : c'étoit bien peu de monde pour conduire en sûreté, au milieu d'un pays infesté de Guerillas,

(1) Dès qu'on avoit réuni un assez grand nombre de blessés on les dirigeoit sur la France, avec une escorte qui se relevoit dans les grandes villes : elle se composoit aussi quelquefois de cadres de régimens qui alloient se recruter en France.

Il n'étoit pas aisé de passer les Pyrénées, car Napoléon, voyant que la guerre cruelle qu'on faisoit en Espagne avoit dégoûté l'armée, ordonna de ne laisser partir pour France que les militaires qui avoient perdu un membre, et les officiers qui avoient obtenu un ordre signé du ministère de la guerre. On transgressa bien des fois cette loi ; mais elle étoit exécutée avec rigueur en 1811. Des généraux de division français, échelonnés sur toute la route, jusqu'à Irun, passoient une revue sévère des convois ; ils faisoient rétrograder les militaires qui n'étoient pas assez malades, et ceux qui n'avoient que des ordres de leurs généraux ou du roi Joseph. Tel officier qui avoit échappé à la rigidité du Gouverneur de Burgos ou de Valladolid, venoit échouer à Vittoria, et se voyoit forcé de rejoindre son régiment : souvent il mouroit

quatre cents voitures mal attelées. Le convoi sortit de Madrid par la porte Saint-Vincent, et se dirigea vers Galapagar, passant par Las-Rosas ; il arriva tard dans son misérable gîte : une foule de gens inutiles, et qui embarrassent par-tout, avoit devancé la colonne. Quand nous arrivâmes à Galapagar, les maisons étoient pleines de cantiniers, de marchands et d'employés de l'armée : on eut bien de la peine à loger quelques blessés, dont une grande partie bivouaqua sans abri et sans feu, ainsi que l'escorte, par un temps très-froid.

Nous partîmes le lendemain de bonne heure pour Guadarrama, petit village bâti au pied de la montagne de ce nom. On remarque au sommet un lion en marbre, sur

---

de ses blessures ou de la maladie du pays, dans le lieu même où il avoit été arrêté.

Sur les cinquante officiers montés, qui formoient la cavalerie de notre convoi, une trentaine étoient blessés et avoient des ordres du ministre de la guerre ; les autres, ainsi que moi, alloient chercher à Bayonne des détachemens de leurs régimens.

un piédestal placé sur un rocher : une inscription indique que ce point est la limite des deux Castilles. Au bas de la montagne nous fîmes halte à la maison de poste, appelée Saint-Raphaël ; enfin, le convoi parvint bien avant dans la nuit à Outero, lieu de la seconde étape. Ce village est situé dans un terrain marécageux : comme nous n'en connoissions pas les localités, et qu'il faisoit très-obscur, plusieurs d'entre nous tombèrent dans des trous, d'où ils ne se retirèrent qu'avec peine.

Nous quittâmes Outero le lendemain matin. A une lieue de ce village on aperçoit, sur la gauche de la route, le château de Rio-Frio, bâti par la reine Isabelle Farnèse, seconde femme de Philippe V ; le convoi entra peu de temps après dans le défilé du pont de Revenga. Ce passage étoit réputé très-dangereux, même avant la guerre ; cette funeste célébrité s'étoit accrue depuis, par l'enlèvement ou le massacre de plusieurs escortes et de plusieurs courriers. Deux compagnies d'infanterie s'étant emparées des hauteurs qui dominent le pont, nous passâmes sans obstacle et arrivâmes à Ségovie, sur l'Eresma. Cette ville antique et célèbre étoit autrefois très-peuplée et fort commerçante. Ses laines, qui passent pour les plus belles du monde, y occupoient une grande quantité d'ouvriers; ses fabriques étoient déjà bien tombées depuis vingt ans : la guerre les a frappées d'un état de nullité absolue.

On remarque dans Ségovie, l'Alcazar, jadis habité par une longue suite de Rois, et un superbe aqueduc, construit par les Romains sous Trajan; il conduit dans la ville une source appelée Fuente-Fria, venant du Puerto de Nava Cerrada. Cet aqueduc est jeté comme un pont entre deux montagnes, et traverse la vallée et la place de l'Azoguego; il est toujours de niveau avec la source, mais les arches qui le soutiennent, suivant les variations du terrain, s'élèvent par gradations jusqu'à la hauteur de quatre-vingt-dix pieds; elles décroissent, à peu près dans la même proportion, en se rapprochant de l'autre montagne, et il se termine à l'Alcazar. Cet édifice est porté sur cent cinquante-neuf arches, dont quatre-vingt-quatre sont doubles, c'est-à-dire qu'elles ont un double cintre, et forment deux rangs d'arches l'un sur l'autre.

Cet ouvrage est d'une solidité étonnante, il a bravé dix-sept siècles sans éprouver aucune altération. Les pierres qui le forment sont carrées, d'une énorme grandeur et jointes avec un art inconnu de nos jours. On prétend que lors du tremblement de terre de 1755, on le vit vaciller; quoi qu'il en soit il ne souffrit aucun dommage. Il y a environ vingt-cinq ans qu'une pierre formant le cintre d'une arche s'étant détachée, l'arche s'écroula; elle a été reconstruite par un moine bon architecte, mais on reconnoît le fragile ouvrage d'un moderne à côté de cette éternelle antiquité.

Le convoi resta deux jours à Ségovie, pour laisser reposer les blessés; il prit ensuite la route de Santa-Maria de la Nieve, où nous fûmes très-mal; le lendemain, il s'achemina vers Olmedo.

Après trois heures de marche, nous arrivâmes au village ruiné de Cauca, qui donne son nom au pont sur lequel nous passâmes l'Adaja. Cette rivière coule dans un lit extrêmement resserré entre deux montagnes, qui forment un défilé très-dangereux; il est dominé par un vieux château que défendoit une compagnie d'infanterie. Cette garnison étoit tellement isolée, qu'elle ne voyoit d'humains que les courriers qu'elle escortoit: c'étoit pour elle un événement que l'arrivée d'un convoi: alors elle se permettoit de sortir de ses retranchemens, pour avoir le plaisir de s'entretenir avec des Français. Notre convoi mit huit heures à passer l'Adaja.

Au seul aspect de notre convoi, on auroit pu se faire une idée du caractère odieux de cette guerre: on y voyoit des familles espagnoles qui, ayant suivi le parti des Français, ne pouvoient voyager d'une ville à l'autre qu'avec leur secours; elles craignoient au moins autant que nous de tomber entre les mains des Guerillas, et nos soldats bivouaquoient avec des ecclésiastiques, de jeunes femmes, ou des conseillers d'état de Joseph.

Les Guerillas, ayant coupé les dernières voitures de notre convoi, ne purent s'emparer d'une d'elles où étoient deux dragons amputés chacun d'une jambe; ils étoient armés de fusils et firent face à tous les assaillans, ne tirant que l'un après l'autre et qu'à coup sûr: ils tuèrent deux Espagnols. Cependant ils alloient succomber, lorsqu'ils furent secourus par une charge faite par deux pelotons d'officiers montés qui dispersèrent les Guerillas, au nombre de trois cents. Les uns étoient vêtus en paysans castillans, les autres en dragons, en chasseurs ou en fantassins français; car, lorsqu'ils prenoient un de nos soldats, ils le dépouilloient et s'emparoient de son uniforme; mais, avec un habit de dragon et des épaulettes d'officier d'infanterie, ils conservoient les guêtres, la culotte et le gilet de drap capucin; avec une pelisse de hussard, ils étoient coiffés d'un chapeau rond. L'équipement de leurs chevaux offroit un pareil mélange et la même bizarrerie. Je remarquai un de ces Guerillas, qui, avec les haillons les plus dégoûtans, portoit un chapeau d'officier-général français. Un autre, qui paroissoit être un des chefs, avoit un habit d'inspecteur aux revues, un schakos et une ceinture rouge; il montoit un bel andalous couvert de nœuds de rubans de la Légion-d'Honneur; on voyoit des décorations de cet ordre pendre devant le poitrail et sur la croupe de son cheval; il le manioit avec beaucoup d'adresse et de légèreté: ce Guerillas étoit brave et déterminé, car il ne se retira que le dernier, commandant l'arrière-garde, composée d'une vingtaine de cavaliers, dont la plupart nous parurent avoir été à notre service. En lâchant leur coup de carabine, ils nous adressoient la parole, nous demandoient des nouvelles de leurs régimens et de plusieurs individus. Un d'entre eux s'écria: Le général....... est-il toujours voleur? un tel....... est-il toujours poltron? Ce Guerillas n'étoit que médisant. Beaucoup de bandes se recrutoient avec des déserteurs allemands et polonais, ou avec des mauvais sujets chassés de nos régimens; ils étoient plus à craindre que les Espagnols;

ils l'emportoient sur eux en bravoure et en cruauté. Pour gagner leur confiance, ils briguoient les postes les plus périlleux. La crainte de tomber entre nos mains les faisoit combattre en désespérés, et souvent la bravoure la plus brillante a ramené au combat les Espagnols, honteux de se voir surpassés par de pareils misérables.

Il est arrivé quelquefois que ces Guerillas de nouvelle création, après avoir fait fortune en pillant les convois et en massacrant leurs anciens camarades, quittoient aussi leurs compagnons de brigandages. Ils gagnoient alors une ville de la route militaire française, feignoient d'être malades, et disoient qu'ils sortoient d'un hôpital voisin, ou bien qu'après être tombés entre les mains des Espagnols, ils avoient eu le bonheur de s'échapper. Ils parvenoient ainsi à se glisser dans un convoi rentrant en France. Plusieurs ont été reconnus et fusillés sur-le-champ : on trouva dans la ceinture de l'un d'entre eux plus de dix mille francs en or.

Lorsqu'un convoi étoit attaqué, on voyoit souvent de vieux guerriers, que dix batailles n'avoient pas épouvantés, jeter un coup d'œil inquiet sur leur foible escorte, et craindre un genre de mort qu'ils n'étoient pas accoutumés à braver. J'en ai vu abandonner leur voiture, courir avec leurs béquilles, et gagner ainsi la tête du convoi; d'autres, arrêtés par de graves blessures, se défendre et mourir plutôt que de se livrer vivans à de si cruels ennemis.

Il n'y eut rien de remarquable jusqu'à Valladolid, où nous restâmes deux jours. Le général Dorsenne occupoit cette ville avec plusieurs régimens de la jeune garde; il nous passa en revue, et nous continuâmes notre route.

A Burgos, le général Caffarelli nous fit donner des cartouches; il augmenta notre convoi de beaucoup de blessés et de malades de l'armée du Nord; nous en prîmes aussi un bon nombre à Vittoria. A une lieue d'Irun, quelques officiers imprudens, ayant voulu dépasser le convoi pour entrer en France quelques heures plus tôt, furent enlevés par les Guerillas. Le convoi arriva à Bayonne le 4 janvier 1812. Je fus, quelque temps après, nommé adjudant-major dans un régiment de cavalerie qui étoit en Allemagne, et je partis pour ma nouvelle destination.

Ayant quitté l'armée dans laquelle j'avois servi 7 ans, pour entrer dans la cavalerie légère, qu'il me soit permis de payer un juste tribut d'admiration aux braves dragons d'Espagne qui, à Leipsig, à Hanau, et dans la mémorable campagne de France, firent des prodiges de valeur, et soutinrent en si petit nombre les efforts d'une innombrable cavalerie.

L'Empereur leur rendit justice; il vit alors que si une déplorable innovation avoit pendant deux ans démoralisé les jeunes soldats de cette arme, les vieilles bandes arrivées d'Espagne étoient de la même trempe que celles qui avoient vaincu en Egypte, à Maringo et à Austerlitz.

FIN.

Milton Keynes UK
Ingram Content Group UK Ltd.
UKHW012003080224
437493UK00005B/260